LE PROVERBE
et autres nouvelles

Présentation, itinéraires de lecture et notes
par Francine Cicurel

D1714261

HACHETTE

Ce recueil comprend trois nouvelles :

- J.-M. G. Le Clézio, *Ô voleur, voleur, quelle vie est la tienne ?*, extrait de « La Ronde et autres faits divers », © Gallimard 1982.

- Marcel Aymé, *Le proverbe*, extrait de « Le Passe-Muraille », © Gallimard 1943.

- Bernard Clavel, *L'homme au manteau de cuir*, extrait de « L'espion aux yeux verts », © Laffont 1969.

Couverture : maquette de S. Coulon - dessin de F. Foënet

ISBN 2.01.010848.5

> Pour moi, il n'y a aucun lien entre nouvelle et
> roman, car la nouvelle, la « short story », n'est pas
> un court roman, mais un récit où, quand tout est
> dit par l'auteur, celui-ci s'arrête. Commence alors
> le rêve.
>
> Julien Green,
> dans l'avant-propos de *Histoires de vertige*, Seuil.

Présentation

Francine Cicurel

Le choix des nouvelles

Les nouvelles choisies dans ce recueil n'appartiennent pas à la littérature enfantine (celle écrite spécifiquement pour un public jeune). Leur thème paraît toutefois pouvoir éveiller largement l'intérêt d'adolescents.

C'est à dessein que les textes sont d'inspiration très diverse sur le plan du thème, de la conception narrative, des registres de discours afin de montrer un éventail aussi large que possible au lecteur. Les nouvelles racontent toutes trois une **histoire** selon « une mise en scène » totalement différente chaque fois.

La nouvelle de Marcel Aymé, **Le Proverbe**, est d'une facture « classique ». Son plan suit les étapes narratives bien connues : situation initiale, crise, dénouement. Elle se singularise par son ironie et par certaines expressions qui paraissent aujourd'hui très recherchées.

L'homme au manteau de cuir, de Bernard Clavel, se caractérise par l'importance des dialogues. Le contenu narratif est essentiellement dans la parole des personnages, dont le registre de discours est familier ou argotique.

Jean-Marie G. Le Clézio, dans **Ô voleur, voleur, quelle vie est la tienne?**, brise la présentation narrative habituelle. L'histoire est racontée sous la forme d'une interview imaginaire qui prend l'allure d'une confession.

Pourquoi un itinéraire de lecture?

Ce recueil propose la lecture de trois nouvelles à ceux qui — adolescents ou adultes — désirent aborder la littérature dans une langue étrangère pour eux.

La nouvelle, par sa longueur et par sa forme condensée, présente l'avantage d'être un texte complet (à la différence des morceaux choisis) tout en ne dépassant pas quelques pages (à la différence du roman).

Le plaisir de lire provient, pour Roland Barthes, d'une tension entre la reconnaissance d'éléments connus et l'agrément de découvrir des informations nouvelles. Or, en langue étrangère, cet équilibre est rompu car la connivence, l'identification de techniques d'écriture ne peuvent s'effectuer; le décodage du sens occupe tout entier le lecteur et l'empêche de prendre plaisir à sa lecture.

L'itinéraire de lecture proposé et les notes explicatives voudraient rendre à la lecture d'un texte (laborieuse dans une langue qu'on connaît imparfaitement) sa dimension de plaisir : ils cherchent à favoriser une lecture « buissonnière » où le texte est observé, contourné, réécrit par un lecteur qui en construit peu à peu le sens.

L'itinéraire repose sur quelques principes méthodologiques destinés à réduire l'opacité du texte littéraire en langue étrangère.

• **La prélecture** est une phase d'observation du texte qui peut porter sur différents points : la mise en pages, le nom des personnages, la proportion entre les dialogues et les descriptions, etc. Elle précède la lecture et permet au lecteur de se familiariser avec le texte, de ne pas entrer immédiatement dans un monde de signes pour la plupart inconnus.

• **La compréhension de la situation initiale** et son exploration attentive (quels sont les personnages ? où et quand se passe l'action ? quel est le « problème » ?) doivent précéder la lecture intégrale, car connaître les éléments principaux de l'histoire narrée va permettre au lecteur de faire la conquête de cette « terra incognita » qu'est, dans un premier temps, le texte abordé. Les premières lignes d'une nouvelle ou d'un roman sont en effet essentielles : c'est là que commence la construction de l'univers de fiction.

• **La formulation d'hypothèses** sur la suite de l'histoire permet au lecteur de ne pas se sentir en dehors du texte. On l'encourage à faire une lecture dans laquelle il va se situer émotionnellement, intellectuellement et ludiquement, puisqu'il pourra jouer à être lui aussi scripteur de l'histoire. On espère ainsi créer un mouvement interactif entre le texte, le lecteur et l'auteur.

• **Un questionnement**, plus traditionnel, accompagne l'étape de lecture intégrale. Il a pour but d'aider la compréhension en attirant l'attention sur des éléments clefs, ou d'indiquer au lecteur de quelle manière il peut lui-même vérifier son degré de compréhension. Le corrigé donné en fin d'ouvrage (à titre indicatif, car il y a rarement une seule réponse à une question) permet une lecture individuelle, en dehors de la classe.

• L'étape **post-lecture** veut, d'une part, recréer les conditions de lecture en langue maternelle où, bien souvent, après avoir lu une œuvre, on la commente à des amis, on la raconte, on la synthétise (« c'est l'histoire d'un vol, d'un malentendu, etc.) et d'autre part, pousser à la polémique et à la réflexion en proposant des sujets de débat sur le thème de la nouvelle et des idées d'écriture (le lecteur joue à l'apprenti scripteur).

Les notes de vocabulaire (en fin de nouvelle)

Elles donnent une indication rapide du sens des termes ou expressions jugés difficiles, dans le contexte de la nouvelle, par le biais de paraphrases ou de définitions.

Vous êtes professeur et vous suivez l'itinéraire de lecture avec votre classe

Sélectionnez dans les différentes étapes ce qui pourra aider vos élèves.

Vous pouvez faire travailler votre classe oralement et vous aurez soin de renforcer la « théâtralisation » du texte (simulation, invention, variation, etc.).

Vous êtes apprenant en français langue étrangère et vous travaillez seul

N'oubliez pas d'étudier attentivement le début de la nouvelle avant de la lire en entier.

Pour la suite du texte, il faut accepter de ne pas comprendre tous les mots lors de la première lecture. Le sens est quelquefois donné plus loin, dans le texte même.

Vous avez le choix entre deux procédés :
— lire en arrêtant votre lecture quand on vous le demande dans l'itinéraire ;
— lire d'abord intégralement la nouvelle et revenir ensuite sur les consignes de l'itinéraire qui vous permettront de mieux comprendre le texte.

Repères bibliographiques

R. Barthes, *Poétique du récit*, Seuil, 1977, coll. « Points ».
F. Cicurel, « Lecture de la nouvelle », *Le français dans le monde* n° 176, avril 1983.
R. Godenne, *La nouvelle française*, PUF, 1974, coll. « Sup ».
J. Peytard (*et al.*), *Littérature et classe de langue*, Crédif, Hatier, 1982, coll. « LAL ».

Ô voleur, voleur, quelle vie est la tienne ?

J.-M. G. Le Clézio

Dis-moi, comment tout a commencé ?   1

Je ne sais pas, je ne sais plus, il y a si longtemps,
je n'ai plus souvenir du temps maintenant, c'est la
vie que je mène. Je suis né au Portugal, à Ericeira,
c'était en ce temps-là un petit village de pêcheurs   5
pas loin de Lisbonne, tout blanc au-dessus de la mer.
Ensuite mon père a dû partir pour des raisons politiques, et avec ma mère et ma tante on s'est installés
en France, et je n'ai jamais revu mon grand-père.
C'était juste après la guerre, je crois qu'il est mort   10
à cette époque-là. Mais je me souviens bien de lui,
c'était un pêcheur, il me racontait des histoires, mais
maintenant je ne parle presque plus le portugais.
Après cela, j'ai travaillé comme apprenti maçon avec
mon père, et puis il est mort, et ma mère a dû   15
travailler aussi, et moi je suis entré dans une entreprise, une affaire de rénovation de vieilles maisons,
ça marchait bien. En ce temps-là, j'étais comme tout
le monde, j'avais un travail, j'étais marié, j'avais des

20 amis, je ne pensais pas au lendemain, je ne pensais
pas à la maladie, ni aux accidents, je travaillais beaucoup et l'argent était rare, mais je ne savais pas que
j'avais de la chance.   Après ça je me suis
spécialisé dans l'électricité, c'est moi qui refaisais les
25 circuits électriques, j'installais les appareils
ménagers, l'éclairage, je faisais les branchements.Ça
me plaisait bien, c'était un bon travail.
C'est si loin que je me demande parfois si c'est vrai,
si c'était vraiment comme ça, si ce n'est pas plutôt
30 un rêve que je faisais à ce moment-là, quand tout était
si paisible et normal, quand je rentrais chez moi le
soir à sept heures et quand j'ouvrais la porte je sentais l'air chaud de la maison, j'entendais les cris des
gosses, la voix de ma femme, et elle venait vers moi,
35 elle m'embrassait, et je m'allongeais sur le lit avant
de manger, parce que j'étais fourbu, et je regardais
sur le plafond les taches d'ombre que faisait l'abat-
jour. Je ne pensais à rien, l'avenir ça n'existait pas
en ce temps-là, ni le passé. Je ne savais pas que j'avais
40 de la chance.

Et maintenant?

Ah, maintenant, tout a changé. Ce qui est terri-
ble, c'est que ça s'est passé d'un seul coup, quand
j'ai perdu mon travail parce que l'entreprise avait
45 fait faillite. On a dit que c'est le patron, il était endetté
jusqu'au cou, tout était hypothéqué. Alors il a filé
un jour, sans prévenir, il nous devait trois mois de
salaire et il venait juste d'encaisser un acompte sur
un travail. Les journaux ont parlé de ça, mais on ne

l'a jamais revu, ni lui ni l'argent. Alors tout le monde 50
s'est retrouvé sans rien, ça a fait comme un grand
trou dans lequel on est tous tombés. Les autres, je
ne sais pas ce qu'ils sont devenus, je crois qu'ils sont
partis ailleurs, ils connaissaient des gens qui pou-
vaient les aider. Au début j'ai cru que tout allait 55
s'arranger, j'ai cru que j'allais retrouver du travail
facilement, mais il n'y avait rien, parce que les entre-
preneurs engagent des gens qui n'ont pas de famille,
des étrangers, c'est plus facile quand ils veulent s'en
débarrasser. Et pour l'électricité, je n'avais pas de 60
C.A.P., personne ne m'aurait confié un travail
comme ça. Alors les mois sont passés et je n'avais
toujours rien, et c'était difficile de manger, de
payer l'éducation de mes fils, ma femme ne pouvait
pas travailler, elle avait des ennuis de santé, on n'avait 65
même pas d'argent pour acheter les médicaments.
Et puis un de mes amis qui venait de se marier m'a
prêté son travail, et je suis allé travailler trois mois
en Belgique, dans les hauts fourneaux. C'était dur,
surtout que je devais vivre tout seul à l'hôtel, mais 70
j'ai gagné pas mal d'argent, et avec ça j'ai pu acheter une auto, une Peugeot fourgonnette, celle que
j'ai encore. En ce temps-là je m'étais mis dans la tête
qu'avec une fourgonnette, je pourrais peut-être faire
du transport pour les chantiers, ou bien chercher des 75
légumes au marché. Mais après, ç'a été encore plus
dur, parce que je n'avais plus rien du tout, j'avais
même perdu les allocations. On allait mourir de faim,
ma femme, mes enfants. C'est comme ça que je me
suis décidé. Au début, je me suis dit que c'était pro- 80
visoire, le temps de trouver un peu d'argent, le temps

d'attendre. Maintenant ça fait trois ans que ça dure,
je sais que ça ne changera plus.   S'il
n'y avait pas ma femme, les enfants, je pourrais peut-
85 être m'en aller, je ne sais pas, au Canada, en Aus-
tralie, n'importe où, changer d'endroit, changer de
vie...

    Est-ce qu'ils savent?

    Mes enfants? Non, non, eux ne savent rien, on
90 ne peut pas leur dire, ils sont trop jeunes, ils ne
comprendraient pas que leur père est devenu un
voleur. Au début, je ne voulais pas le dire à ma
femme, je lui disais que j'avais fini par trouver du
travail, que j'étais gardien de nuit sur les chantiers,
95 mais elle voyait bien tout ce que je ramenais, les pos-
tes de télévision, les chaînes hi-fi, les appareils ménagers, ou bien les bibelots, l'argenterie, parce que
j'entreposais tout ça dans le garage, et elle a bien fini
par se douter de quelque chose. Elle n'a rien dit, mais
100 je voyais bien qu'elle se doutait de quelque chose.
Qu'est-ce qu'elle pouvait dire? Au point où nous en
étions arrivés, nous n'avions plus rien à perdre.
C'était ça, ou mendier dans la rue...   Elle
n'a rien dit, non, mais un jour elle est entrée dans
105 le garage pendant que je déchargeais la voiture, en
attendant l'acheteur. J'avais tout de suite trouvé
un bon acheteur, tu comprends, lui il gagnait gros
sans courir de risques. Il avait un magasin d'électro-
ménager en ville, et un autre magasin d'antiquités
110 ailleurs, dans les environs de Paris je crois. Il ache-
tait tout ça au dixième de la valeur. Les antiquités,

il les payait mieux, mais il ne prenait pas n'importe
quoi, il disait qu'il fallait que ça vaille la peine, parce
que c'était risqué. Un jour il m'a refusé une pendule, une vieille pendule, parce qu'il m'a dit qu'il   115
n'y en avait que trois ou quatre comme ça dans le
monde, et il risquait de se faire repérer. Alors j'ai
donné la pendule à ma femme, mais ça ne lui a pas
plu, je crois bien qu'elle l'a jetée à la poubelle quelques jours plus tard. Peut-être que ça lui faisait   120
peur.   Oui, alors, ce jour-là, pendant
que je déchargeais la fourgonnette, elle est arrivée,
elle m'a regardé, elle a un peu souri, mais je sentais
bien qu'elle était triste dans le fond, et elle m'a dit
seulement, je m'en souviens bien : il n'y a pas de   125
danger ? J'ai eu honte, je lui ai dit non, et de partir,
parce que l'acheteur allait arriver, et je ne voulais
pas qu'il la voie.   Non, je ne voudrais
pas que mes enfants apprennent cela, ils sont trop
jeunes. Ils croient que je travaille comme avant.   130
Maintenant je leur dis que je travaille la nuit, et que
c'est pour ça que je dois partir la nuit, et que je dors
une partie de la journée.

Tu aimes cette vie ?

Non, au début je n'aimais pas ça du tout, mais   135
maintenant, qu'est-ce que je peux faire ?

Tu sors toutes les nuits ?

Ça dépend. Ça dépend des endroits. Il y a des quar-
tiers où il n'y a personne pendant l'été, d'autres où

140 c'est pendant l'hiver. Quelquefois je reste longtemps
sans, enfin, sans sortir, il faut que j'attende, parce
que je sais que je risque de me faire prendre. Mais
quelquefois on a besoin d'argent à la maison, pour
les vêtements, pour les médicaments. Ou bien il faut
145 payer le loyer, l'électricité. Il faut que je me
débrouille.   Je cherche les morts.

Les morts?

Oui, tu comprends, tu lis le journal, et quand tu
vois quelqu'un qui est mort, un riche, tu sais que
150 le jour de l'enterrement tu vas pouvoir visiter sa
maison.

C'est comme ça que tu fais, en général?

Ça dépend, il n'y a pas de règles. Il y a des coups
que je ne fais que la nuit, quand c'est dans les quar-
155 tiers éloignés, parce que je sais que je serai tranquille.
Quelquefois je peux faire ça le jour, vers une heure
de l'après-midi. En général, je ne veux pas faire ça
le jour, j'attends la nuit, même le petit matin, tu sais,
vers trois-quatre heures, c'est le meilleur moment,
160 parce qu'il n'y a plus personne dans les rues, même
les flics dorment à cette heure-là. Mais je n'entre
jamais dans une maison quand il y a quelqu'un.

Comment sais-tu qu'il n'y a personne?

Ça se voit tout de suite, c'est vrai, quand tu as
165 l'habitude. La poussière devant la porte, ou les feuil-

les mortes, ou bien les journaux empilés sur les boî-
tes aux lettres.

Tu entres par la porte?

Quand c'est facile, oui, je force la serrure, ou bien
je me sers d'une fausse clé. Si ça résiste, j'essaie de   170
passer par une fenêtre. Je casse un carreau, avec une
ventouse, et je passe par la fenêtre. Je mets toujours
des gants pour ne pas laisser de traces, et puis pour
ne pas me blesser.

Et les alarmes?   175

Si c'est compliqué, je laisse tomber. Mais en général, c'est des trucs simples, tu les vois du premier
coup d'œil, tu n'as qu'à couper les fils.

Qu'est-ce que tu emportes, de préférence?

Tu sais, quand tu entres, comme ça, dans une mai-   180
son que tu ne connais pas, tu ne sais pas ce que tu
vas trouver. Tu dois faire vite, c'est tout, pour le cas
où quelqu'un t'aurait repéré. Alors tu prends ce qui
se vend bien et sans problèmes, les télévisions, les
chaînes stéréo, les appareils ménagers, ou alors   185
l'argenterie, les bibelots, à condition qu'ils ne soient
pas trop encombrants, les tableaux, les vases, les
statues.

Les bijoux?

190 Non, pas souvent. D'ailleurs quand les gens s'en
vont, ils ne laissent pas leurs bijoux derrière eux. Les
bouteilles de vin, aussi, c'est intéressant, ça se vend
bien. Et puis les gens ne font pas très attention à
leurs caves, ils ne mettent pas de serrures de sûreté,
195 ils ne surveillent pas tellement ce qui se passe.
Ensuite, il faut tout charger, très vite, et puis partir. Heureusement que j'ai une voiture, sans quoi je
ne pourrais pas faire ça. Ou alors il faudrait que je
fasse partie d'une bande, que je devienne un vrai
200 gangster, quoi. Mais ça ne me plairait pas, parce
qu'eux je crois qu'ils font ça par plaisir plus que par
besoin, ils veulent s'enrichir, ils cherchent le maxi-
mum, faire le gros coup, tandis que moi je fais ça
pour vivre, pour que ma femme et mes gosses aient
205 de quoi manger, des vêtements, pour que mes gosses aient une éducation, un vrai métier.

       Si je retrouvais demain du travail, je
m'arrêterais tout de suite de voler, je pourrais de nouveau rentrer chez moi tranquillement, le soir, je
210 m'allongerais sur le lit avant de dîner, je regarde-
rais les taches d'ombre sur le plafond, sans penser
à rien, sans penser à l'avenir, sans avoir peur de rien...
       Maintenant, j'ai l'impression que ma
vie est vide, qu'il n'y a rien derrière tout ça, comme
215 un décor. Les maisons, les gens, les voitures, j'ai
l'impression que tout est faux et truqué, qu'un jour
on va me dire, tout ça est de la comédie, ça n'appar-
tient à personne.   Alors, pour ne pas
penser à cela, l'après-midi, je sors dans la rue, et je
220 commence à marcher au hasard, marcher, marcher,
au soleil ou sous la pluie, et je me sens un étranger,

comme si j'arrivais juste par le train et que je ne
connaissais personne dans la ville, personne.

Et tes amis?

Oh, tu sais, les amis, quand tu as des problèmes,   225
quand ils savent que tu as perdu ton travail et que
tu n'as plus d'argent, au début ils sont bien gentils,
mais après ils ont peur que tu ne viennes leur demander de l'argent, alors...   Tu ne fais pas
très attention, et un jour tu t'aperçois que tu ne vois   230
plus personne, que tu ne connais plus personne...
Vraiment comme si tu étais un étranger, et que tu
venais de débarquer du train.

Tu crois que ça redeviendra comme avant?

Je ne sais pas... Quelquefois je pense que c'est un   235
mauvais moment, que ça va passer, que je vais recom-
mencer mon travail, dans la maçonnerie, ou bien dans
l'électricité, tout ce que je faisais, autrefois... Mais
aussi, quelquefois, je me dis que ça ne finira jamais,
jamais, parce que les gens riches n'ont pas de consi-   240
dération pour ceux qui sont dans la misère, ils s'en
moquent, ils gardent leurs richesses pour eux, enfer-
mées dans leurs maisons vides, dans leurs coffres-
forts. Et pour avoir quelque chose, pour avoir une
miette, il faut que tu entres chez eux et que tu le   245
prennes toi-même.

Qu'est-ce que ça te fait, quand tu penses que tu
est devenu un voleur?

   Si, ça me fait quelque chose, ça me serre la gorge
250 et ça m'accable, tu sais, quelquefois, le soir, je ren-
tre à la maison à l'heure du dîner, et ce n'est plus
du tout comme autrefois, il y a juste des sandwiches
froids, et je mange en regardant la télévision, avec
les gosses qui ne disent rien. Alors je vois que ma
255 femme me regarde, elle ne dit rien elle non plus, mais
elle a l'air si fatigué, elle a les yeux gris et tristes,
et je me souviens de ce qu'elle m'a dit, la première
fois, quand elle m'a demandé s'il n'y avait pas de
danger. Moi, je lui ai dit non, mais ça n'était pas
260 vrai, parce que je sais bien qu'un jour, c'est fatal,
il y aura un problème. Déjà, trois ou quatre fois, ça
a failli tourner mal, il y a des gens qui m'ont tiré
dessus à coups de fusil. Je suis habillé tout en noir,
en survêtement, j'ai des gants noirs et une cagoule,
265 et heureusement à cause de ça ils m'ont raté, parce
qu'ils ne me voyaient pas dans la nuit. Mais une fois,
c'est fatal, il le faut bien, ça arrivera, peut-être cette
nuit, peut-être demain, qui peut le dire ? Peut-être
que les flics m'attraperont, et je ferai des années en
270 prison, ou bien peut-être que je ne pourrai pas courir assez vite quand on me tirera dessus, et je serai
mort. Mort.   C'est à elle que je pense,
à ma femme, pas à moi, moi je ne vaux rien, je n'ai
pas d'importance. C'est à elle que je pense, et à mes
275 enfants aussi, que deviendront-ils, qui pensera à eux,
sur cette terre ?   Quand je vivais encore
à Ericeira, mon grand-père s'occupait bien de moi,
je me souviens d'une poésie qu'il me chantonnait souvent, et je me demande pourquoi je me suis souvenu
de celle-là plutôt que d'une autre, peut-être que c'est 280

ça la destinée? Est-ce que tu comprends un peu le
portugais? Ça se chantait comme ça, écoute:

> O ladrao! Ladrao!
> Que vida e tua?
> Comer e beber   285
> Passear pela rua.
> Era meia noite
> Quando o ladrao veio
> Bateu tres pancadas
> A'porta do meio.   290

La Ronde et autres faits divers, Gallimard 1982.

Notes

Les numéros entre parenthèses renvoient aux numéros des lignes.

(36) **Fourbu :** très fatigué.
(37) **Abat-jour :** partie supérieure d'une lampe.
(44) **L'entreprise avait fait faillite :** elle avait fermé parce qu'elle
   n'avait plus d'argent.
(45) **Endetté jusqu'au cou :** le patron ne pouvait pas payer l'argent
   qu'il devait.
(46) **Hypothéqué :** l'hypothèque est la garantie que l'on donne
   lorsqu'on veut emprunter de l'argent (hypothéquer une maison).
(48) **Encaisser un acompte :** recevoir une partie de l'argent qu'on
   doit vous payer.
(61) **C.A.P.** (Certificat d'Aptitude Professionnelle) : diplôme sanction-
   nant une formation technique (C.A.P. de coiffeur, d'électricien,
   etc.).

(72) **Fourgonnette :** petit camion (Peugeot : marque de voiture).

(78) **Allocations :** argent versé par l'État aux personnes comme aide (allocations chômage, par exemple).

(98) **Elle a bien fini par se douter de quelque chose :** elle a finalement deviné.

(106) **Acheteur :** il s'agit ici de la personne qui achète et revend le matériel volé.

(107) **Il gagnait gros sans courir de risques :** il gagnait beaucoup d'argent sans être lui-même en danger.

(111) **Au dixième de la valeur :** 1/10 du prix normal.

(113) **Il fallait que ça vaille la peine :** il fallait que ce soit intéressant pour lui, rentable.

(121) **Ce jour-là :** le jour du garage (cf. ligne 104).

(126) **Je lui ai dit non, et de partir :** je lui ai dit non et je lui ai dit de partir.

(153) **Coups :** il s'agit ici des vols.

(156) **Ça :** remplace « des coups ».

(161) **Flics** (*argot*) : policiers.

(169) **Forcer la serrure :** casser la serrure d'une porte pour pouvoir entrer sans clefs.

(175) **Alarmes :** système d'alerte qui se déclenche si un voleur entre dans la maison.

(201) **Eux :** les gangsters.

(216) **Truqué :** artificiel.

(249) **Ça me serre la gorge :** sensation de peur et d'oppression.

(250) **Ça m'accable :** sensation d'être écrasé sous le poids des soucis.

(261) **Ça a failli tourner mal :** il s'est presque fait attraper.

(281) **La destinée :** la tradition portugaise du « Fado » (destin) dit qu'on ne peut pas échapper à son sort, son destin.

Le proverbe

Marcel Aymé

Dans la lumière de la suspension qui éclairait   1
la cuisine, M. Jacotin voyait d'ensemble la famille
courbée sur la pâture et témoignant, par des regards
obliques, qu'elle redoutait l'humeur du maître. La
conscience profonde qu'il avait de son dévoue-   5
ment et de son abnégation, un souci étroit de justice domestique, le rendaient en effet injuste et tyrannique, et ses explosions d'homme sanguin, toujours
imprévisibles, entretenaient à son foyer une atmosphère de contrainte qui n'était du reste pas sans   10
l'irriter.
   Ayant appris dans l'après-midi qu'il était proposé
pour les palmes académiques, il se réservait d'en
informer les siens à la fin du dîner. Après avoir bu
un verre de vin sur sa dernière bouchée de fro-   15
mage, il se disposait à prendre la parole, mais il lui
sembla que l'ambiance n'était pas telle qu'il l'avait
souhaitée pour accueillir l'heureuse nouvelle. Son
regard fit lentement le tour de la table, s'arrêtant
d'abord à l'épouse dont l'aspect chétif, le visage   20
triste et peureux lui faisaient si peu honneur auprès
de ses collègues. Il passa ensuite à la tante Julie qui
s'était installée au foyer en faisant valoir son grand

âge et plusieurs maladies mortelles et qui, en sept
25 ans, avait coûté sûrement plus d'argent qu'on n'en
pouvait attendre de sa succession. Puis vint le tour
de ses deux filles, dix-sept et seize ans, employées
de magasin à cinq cents francs par mois, pourtant
vêtues comme des princesses, montres-bracelets,
30 épingles d'or à l'échancrure, des airs au-dessus de leur
condition, et on se demandait où passait l'argent, et
on s'étonnait. M. Jacotin eut soudain la sensation
atroce qu'on lui dérobait son bien, qu'on buvait la
sueur de ses peines et qu'il était ridiculement bon.
35 Le vin lui monta un grand coup à la tête et fit flam-
ber sa large face déjà remarquable au repos par sa
rougeur naturelle.

    Il était dans cette disposition d'esprit lorsque son
regard s'abaissa sur son fils Lucien, un garçon de
40 treize ans qui, depuis le début du repas, s'efforçait
de passer inaperçu. Le père entrevit quelque chose
de louche dans la pâleur du petit visage. L'enfant
n'avait pas levé les yeux, mais, se sentant observé,
il tortillait avec ses deux mains un pli de son tablier
45 noir d'écolier.

    « Tu voudrais bien le déchirer ? jeta le père d'une
voix qui s'en promettait. Tu fais tout ce que tu peux
pour le déchirer ? »

    Lâchant son tablier, Lucien posa les mains sur la
50 table. Il penchait la tête sur son assiette sans oser
chercher le réconfort d'un regard de ses sœurs et tout
abandonné au malheur menaçant.

    « Je te parle, dis donc. Il me semble que tu pour-
rais me répondre. Mais je te soupçonne de n'avoir
55 pas la conscience tranquille. »

Lucien protesta d'un regard effrayé. Il n'espérait nullement détourner les soupçons, mais il savait que le père eût été déçu de ne pas trouver l'effroi dans les yeux de son fils.

« Non, tu n'as sûrement pas la conscience tranquille. Veux-tu me dire ce que tu as fait cet après-midi ?

— Cet après-midi, j'étais avec Pichon. Il m'avait dit qu'il passerait me prendre à deux heures. En sortant d'ici, on a rencontré Chapusot qui allait faire des commissions. D'abord, on a été chez le médecin pour son oncle qui est malade. Depuis avant-hier, il se sentait des douleurs du côté du foie... »

Mais le père comprit qu'on voulait l'égarer sur de l'anecdote et coupa :

« Ne te mêle donc pas du foie des autres. On n'en fait pas tant quand c'est moi qui souffre. Dis-moi plutôt où tu étais ce matin.

— J'ai été voir avec Fourmont la maison qui a brûlé l'autre nuit dans l'avenue Poincaré.

« Comme ça, tu as été dehors toute la journée ? Du matin jusqu'au soir ? Bien entendu, puisque tu as passé ton jeudi à t'amuser, j'imagine que tu as fait tes devoirs ? »

Le père avait prononcé ces dernières paroles sur un ton doucereux qui suspendait tous les souffles.

« Mes devoirs ? murmura Lucien.

— Oui, tes devoirs.

— J'ai travaillé hier soir en rentrant de classe.

— Je ne te demande pas si tu as travaillé hier soir. Je te demande si tu as fait tes devoirs pour demain. »

Chacun sentait mûrir le drame et aurait voulu

l'écarter, mais l'expérience avait appris que toute
intervention en pareille circonstance ne pouvait que
90 gâter les choses et changer en fureur la hargne de
cet homme violent. Par politique, les deux sœurs de
Lucien feignant de suivre l'affaire distraitement, tandis que la mère, préférant ne pas assister de trop près
à une scène pénible, fuyait vers un placard. M. Jaco-
95 tin, lui-même au bord de la colère, hésitait encore à
enterrer la nouvelle des palmes académiques. Mais
la tante Julie, mue par de généreux sentiments, ne
put tenir sa langue.

« Pauvre petit, vous êtes toujours après lui.
100 Puisqu'il vous dit qu'il a travaillé hier soir. Il faut
bien qu'il s'amuse aussi. »

Offensé, M. Jacotin répliqua avec hauteur :

« Je vous prierai de ne pas entraver mes efforts dans
l'éducation de mon fils. Étant son père, j'agis comme
105 tel et j'entends le diriger selon mes conceptions. Libre
à vous, quand vous aurez des enfants, de faire leurs
cent mille caprices. »

La tante Julie, qui avait soixante-treize ans, jugea
qu'il y avait peut-être de l'ironie à parler de ses
110 enfants à venir. Froissée à son tour, elle quitta la cuisine. Lucien la suivit d'un regard ému et la vit un
moment, dans la pénombre de la salle à manger lui-
sante de propreté, chercher à tâtons le commutateur.
Lorsqu'elle eut refermé la porte, M. Jacotin prit toute
115 la famille à témoin qu'il n'avait rien dit qui justifiât
un tel départ et il se plaignit de la perfidie qu'il y
avait à le mettre en situation de passer pour un malotru. Ni ses filles, qui s'étaient mises à desservir la
table, ni sa femme, ne purent se résoudre à l'approu-

ver, ce qui eût peut-être amené une détente. Leur [120]
silence lui fut un nouvel outrage. Rageur, il revint
à Lucien :

« J'attends encore ta réponse, toi. Oui ou non, as-
tu fait tes devoirs ? »

Lucien comprit qu'il ne gagnerait rien à faire traî- [125]
ner les choses et se jeta à l'eau.

« Je n'ai pas fait mon devoir de français. »

Une lueur de gratitude passa dans les yeux du père.
Il y avait plaisir à entreprendre ce gamin-là.

« Pourquoi, s'il te plaît ? » [130]

Lucien leva les épaules en signe d'ignorance et
même d'étonnement, comme si la question était saugrenue.

« Je le moudrais », murmura le père en le dévorant
du regard. [135]

Un moment, il resta silencieux, considérant le
degré d'abjection auquel était descendu ce fils ingrat
qui, sans aucune raison avouable et apparemment
sans remords, négligeait de faire son devoir de
français. [140]

« C'est donc bien ce que je pensais, dit-il, et sa voix
se mit à monter avec le ton du discours. Non seulement tu continues, mais tu persévères. Voilà un
devoir de français que le professeur t'a donné ven-
dredi dernier pour demain. Tu avais donc huit jours [145]
pour le faire et tu n'en as pas trouvé le moyen. Et
si je n'en avais pas parlé, tu allais en classe sans l'avoir
fait. Mais le plus fort, c'est que tu auras passé tout
ton jeudi à flâner et à paresser. Et avec qui ? avec
un Pichon, un Fourmont, un Chapusot, tous les der- [150]
niers, tous les cancres de la classe. Les cancres dans

ton genre. Qui se ressemble s'assemble. Bien sûr que
l'idée ne te viendrait pas de t'amuser avec Béruchard.
Tu te croirais déshonoré d'aller jouer avec un bon
155 élève. Et d'abord, Béruchard n'accepterait pas, lui.
Béruchard, je suis sûr qu'il ne s'amuse pas. Et qu'il
ne s'amuse jamais. C'est bon pour toi. Il travaille,
Béruchard. La conséquence, c'est qu'il est toujours
dans les premiers. Pas plus tard que la semaine der-
160 nière, il était trois places devant toi. Tu peux compter que c'est une chose agréable pour moi qui suis
toute la journée au bureau de son père. Un homme
pourtant moins bien noté que moi. Qu'est-ce que
c'est que Béruchard ? je parle du père. C'est l'homme
165 travailleur, si on veut, mais qui manque de capaci-
tés. Et sur les idées politiques, c'est bien pareil que
sur la besogne. Il n'a jamais eu de conceptions. Et
Béruchard, il le sait bien. Quand on discute de choses et d'autres, devant moi, il n'en mène pas large.
170 N'empêche, s'il vient à me parler de son gamin qui
est toujours premier en classe, c'est lui qui prend
le dessus quand même. Je me trouve par le fait dans
une position vicieuse. Je n'ai pas la chance, moi,
d'avoir un fils comme Béruchard. Un fils premier
175 en français, premier en calcul. Un fils qui rafle tous
les prix. Lucien, laisse-moi ce rond de serviette tranquille. Je ne tolérerai pas que tu m'écoutes avec des
airs qui n'en sont pas. Oui ou non, m'as-tu entendu ?
ou si tu veux une paire de claques pour t'apprendre
180 que je suis ton père ? Paresseux, voyou, incapable !
Un devoir de français donné depuis huit jours ! Tu
ne me diras pas que si tu avais pour deux sous de
cœur ou que si tu pensais au mal que je me donne,

une pareille chose se produirait. Non, Lucien, tu ne
sais pas reconnaître. Autrement que ça, ton devoir 185
de français, tu l'aurais fait. Le mal que je me donne,
moi, dans mon travail. Et les soucis et l'inquiétude.
Pour le présent et pour l'avenir. Quand j'aurai l'âge
de m'arrêter, personne pour me donner de quoi vivre.
Il vaut mieux compter sur soi que sur les autres. Un 190
sou, je ne l'ai jamais demandé. Moi, pour m'en tirer,
je n'ai jamais été chercher le voisin. Et je n'ai jamais
été aidé par les miens. Mon père ne m'a pas laissé
étudier. Quand j'ai eu douze ans, en apprentissage.
Tirer la charrette et par tous les temps. L'hiver, les 195
engelures, et l'été, la chemise qui collait sur le dos.
Mais toi, tu te prélasses. Tu as la chance d'avoir un
père qui soit trop bon. Mais ça ne durera pas. Quand
je pense. Un devoir de français. Fainéant, sagouin !
Soyez bon, vous serez toujours faible. Et moi tout 200
à l'heure qui pensais vous mener tous, mercredi pro-
chain, voir jouer *Les Burgraves.* Je ne me doutais pas
de ce qui m'attendait en rentrant chez moi. Quand
je ne suis pas là, on peut être sûr que c'est l'anar-
chie. C'est les devoirs pas faits et tout ce qui s'ensuit 205
dans toute la maison. Et, bien entendu, on a choisi
le jour... »

Le père marqua un temps d'arrêt. Un sentiment
délicat, de pudeur et de modestie, lui fit baisser les
paupières. 210

« ... Le jour où j'apprends que je suis proposé pour
les palmes académiques. Oui, voilà le jour qu'on a
choisi. »

Il attendit quelques secondes l'effet de ses dernières paroles. Mais, à peine détachées de la longue 215

apostrophe, elles semblaient n'avoir pas été compri-
ses. Chacun les avait entendues, comme le reste du
discours, sans en pénétrer le sens. Seule, Mme Jacotin, sachant qu'il attendait depuis deux ans la
220 récompense de services rendus, en sa qualité de tré-
sorier bénévole, à la société locale de solfège et de
philharmonie (l'U.N.S.P.), eut l'impression que quelque chose d'important venait de lui échapper. Le mot
de palmes académiques rendit à ses oreilles un son
225 étrange mais familier, et fit surgir pour elle la vision
de son époux coiffé de sa casquette de musicien hono-
raire et à califourchon sur la plus haute branche d'un
cocotier. La crainte d'avoir été inattentive lui fit enfin
apercevoir le sens de cette fiction poétique et déjà
230 elle ouvrait la bouche et se préparait à manifester
une joie déférente. Il était trop tard, M. Jacotin, qui
se délectait amèrement de l'indifférence des siens,
craignit qu'une parole de sa femme ne vînt adou-
cir l'injure de ce lourd silence et se hâta de la préve-
235 nir.

« Poursuivons, dit-il avec un ricanement douloureux. Je disais donc que tu as eu huit jours pour faire
ce devoir de français. Oui, huit jours. Tiens, j'aime-
rais savoir depuis quand Béruchard l'a fait. Je suis
240 sûr qu'il n'a pas attendu huit jours, ni six, ni cinq.
Ni trois, ni deux. Béruchard, il l'a fait le lendemain.
Et veux-tu me dire ce que c'est que ce devoir ? »

Lucien, qui n'écoutait pas, laissa passer le temps
de répondre. Son père le somma d'une voix qui passa
245 trois portes et alla toucher la tante Julie dans sa chambre. En chemise de nuit et la mine défaite, elle vint
s'informer.

« Qu'est-ce qu'il y a ? Voyons, qu'est-ce que vous
lui faites, à cet enfant ? Je veux savoir, moi. »

Le malheur voulut qu'en cet instant M. Jacotin 250
se laissât dominer par la pensée de ses palmes académiques. C'est pourquoi la patience lui manqua.
Au plus fort de ses colères, il s'exprimait habituel-
lement dans un langage décent. Mais le ton de cette
vieille femme recueillie chez lui par un calcul chari- 255
table et parlant avec ce sans-gêne à un homme en
passe d'être décoré, lui parut une provocation appe-
lant l'insolence.

« Vous, répondit-il, je vous dis cinq lettres. »

La tante Julie béa, les yeux ronds, encore incré- 260
dules, et comme il précisait ce qu'il fallait entendre
par cinq lettres, elle tomba évanouie. Il y eut des cris
de frayeur dans la cuisine, une longue rumeur de
drame avec remuement de bouillottes, de soucoupes
et de flacons.Les sœurs de Lucien et leur mère s'affai- 265
raient auprès de la malade avec des paroles de
compassion et de réconfort, dont chacune atteignait
cruellement M. Jacotin. Elles évitaient de le regar-
der, mais quand par hasard leurs visages se tournaient
vers lui, leurs yeux étaient durs. Il se sentait coupa- 270
ble et, plaignant la vieille fille, regrettait sincèrement
l'excès de langage auquel il s'était laissé aller. Il aurait
souhaité s'excuser, mais la réprobation qui l'entou-
rait si visiblement durcissait son orgueil. Tandis
qu'on emportait la tante Julie dans sa chambre, il 275
prononça d'une voix haute et claire :

« Pour la troisième fois, je te demande en quoi
consiste ton devoir de français. »

— C'est une explication, dit Lucien. Il faut expli-

280 quer le proverbe : « Rien ne sert de courir, il faut partir à point. »

— Et alors. Je ne vois pas ce qui t'arrête là-dedans. »

Lucien opina d'un hochement de tête, mais son 285 visage était réticent.

« En tout cas, file me chercher tes cahiers, et au travail. Je veux voir ton devoir fini. »

Lucien alla prendre sa serviette de classe qui gisait dans un coin de la cuisine, en sortit un cahier de 290 brouillon et écrivit au haut d'une page blanche : « Rien ne sert de courir, il faut partir à point. » Si lentement qu'il eût écrit, cela ne demanda pas cinq minutes. Il se mit alors à sucer son porte-plume et considéra le proverbe d'un air hostile et buté.

295 « Je vois que tu y mets de la mauvaise volonté, dit le père. A ton aise. Moi, je ne suis pas pressé. J'attendrai toute la nuit s'il le faut. »

En effet, il s'était mis en position d'attendre commodément. Lucien, en levant les yeux, lui vit 300 un air de quiétude qui le désespéra. Il essaya de méditer sur son proverbe : « Rien ne sert de courir, il faut partir à point. » Pour lui, il y avait une évidence ne requérant aucune démonstration, et il songeait avec dégoût à la fable de La Fontaine : *Le Lièvre et la Tor-*305 *tue.* Cependant, ses sœurs, après avoir couché la tante Julie, commençaient à ranger la vaisselle dans le placard et, si attentives fussent-elles à ne pas faire de bruit, il se produisait des heurts qui irritaient M. Jacotin, lui semblant qu'on voulût offrir à l'éco-310 lier une bonne excuse pour ne rien faire. Soudain, il y eut un affreux vacarme. La mère venait de lais-

ser tomber sur l'évier une casserole de fer qui rebon-
dit sur le carrelage.

« Attention, gronda le père. C'est quand même aga-
çant. Comment voulez-vous qu'il travaille, aussi, dans 315
une foire pareille ? Laissez-le tranquille et allez-
vous-en ailleurs. La vaisselle est finie. Allez vous cou-
cher. »

Aussitôt les femmes quittèrent la cuisine. Lucien
se sentit livré à son père, à la nuit, et songeant à la 320
mort à l'aube sur un proverbe, il se mit à pleurer.

« Ça t'avance bien, lui dit son père. Gros bête, va ! »

La voix restait bourrue, mais avec un accent de
compassion, car M. Jacotin, encore honteux du
drame qu'il avait provoqué tout à l'heure, souhai- 325
tait racheter sa conduite par une certaine mansuétude à l'égard de son fils. Lucien perçut la nuance,
il s'attendrit et pleura plus fort. Une larme tomba
sur le cahier de brouillon, auprès du proverbe. Emu,
le père fit le tour de la table en traînant une chaise 330
et vint s'asseoir à côté de l'enfant.

« Allons, prends-moi ton mouchoir et que ce soit
fini. A ton âge, tu devrais penser que si je te secoue,
c'est pour ton bien. Plus tard, tu diras : ''Il avait raison.'' Un père qui sait être sévère, il n'y a rien de 335
meilleur pour l'enfant. Béruchard, justement, me le
disait hier. C'est une habitude, à lui, de battre le sien.
Tantôt c'est les claques ou son pied où je pense, tantôt le martinet ou bien le nerf de bœuf. Il obtient
de bons résultats. Sûr que son gamin marche droit 340
et qu'il ira loin. Mais battre un enfant, moi, je ne
pourrais pas, sauf bien sûr comme ça une fois de
temps en temps. Chacun ses conceptions. C'est ce

que je disais à Béruchard. J'estime qu'il vaut mieux
345 faire appel à la raison de l'enfant. »

Apaisé par ces bonnes paroles, Lucien avait cessé
de pleurer et son père en conçut de l'inquiétude.

« Parce que je te parle comme à un homme, tu ne
vas pas au moins te figurer que ce serait de la fai-
350 blesse ?

— Oh ! non, répondit Lucien avec l'accent d'une
conviction profonde. »

Rassuré, M. Jacotin eut un regard de bonté. Puis,
considérant d'une part le proverbe, d'autre part
355 l'embarras de son fils, il crut pouvoir se montrer
généreux à peu de frais et dit avec bonhomie :

« Je vois bien que si je ne mets pas la main à la
pâte, on sera encore là à quatre heures du matin.
Allons, au travail. Nous disons donc : "Rien ne sert
360 de courir, il faut partir à point." Voyons. Rien ne
sert de courir... »

Tout à l'heure, le sujet de ce devoir de français
lui avait paru presque ridicule à force d'être facile.
Maintenant qu'il en avait assumé la responsabilité,
365 il le voyait d'un autre œil. La mine soucieuse, il relut
plusieurs fois le proverbe et murmura :

« C'est un proverbe.

— Oui, approuva Lucien qui attendait la suite avec
une assurance nouvelle. »

370 Tant de paisible confiance troubla le cœur de
M. Jacotin. L'idée que son prestige de père était en
jeu le rendit nerveux.

« En vous donnant ce devoir-là, demanda-t-il, le
maître ne vous a rien dit ?

375 — Il nous a dit : surtout, évitez de résumer *Le*

Lièvre et la Tortue. C'est à vous de trouver un exemple. Voilà ce qu'il a dit.

— Tiens, c'est vrai, fit le père. *Le Lièvre et la Tortue*, c'est un bon exemple. Je n'y avais pas pensé.

— Oui, mais c'est défendu. 380

— Défendu, bien sûr, défendu. Mais alors, si tout est défendu... »

Le visage un peu congestionné, M. Jacotin chercha une idée ou au moins une phrase qui fût un départ. Son imagination était rétive. Il se mit à 385 considérer le proverbe avec un sentiment de crainte et de rancune. Peu à peu, son regard prenait la même expression d'ennui qu'avait eue tout à l'heure celui de Lucien.

Enfin, il eut une idée qui était de développer un 390 sous-titre de journal, « La Course aux armements », qu'il avait lu le matin même. Le développement venait bien : une nation se prépare à la guerre depuis longtemps, fabriquant canons, tanks, mitrailleuses et avions. La nation se prépare mollement, de sorte 395 qu'elle n'est pas prête du tout quand survient la guerre et qu'elle s'efforce vainement de rattraper son retard. Il y avait là toute la matière d'un excellent devoir.

Le visage de M. Jacotin, qui s'était éclairé un 400 moment, se rembrunit tout d'un coup. Il venait de songer que sa religion politique ne lui permettait pas de choisir un exemple aussi tendancieux. Il avait trop d'honnêteté pour humilier ses convictions, mais c'était tout de même dommage. Malgré la fermeté 405 de ses opinions, il se laissa effleurer par le regret de n'être pas inféodé à un parti réactionnaire, ce qui

lui eût permis d'exploiter son idée avec l'approba-
tion de sa conscience. Il se ressaisit en pensant à ses
410 palmes académiques, mais àvec beaucoup de mélan-
colie.

Lucien attendait sans inquiétude le résultat de cette
méditation. Il se jugeait déchargé du soin d'expliquer le proverbe et n'y pensait même plus. Mais le
415 silence qui s'éternisait lui faisait paraître le temps
long. Les paupières lourdes, il fit entendre plusieurs
bâillements prolongés. Son père, le visage crispé par
l'effort de la recherche, les perçut comme autant de
reproches et sa nervosité s'en accrut. Il avait beau
420 se mettre l'esprit à la torture, il ne trouvait rien. La
course aux armements le gênait. Il semblait qu'elle
se fût soudée au proverbe et les efforts qu'il faisait
pour l'oublier lui en imposaient justement la pensée. De temps en temps, il levait sur son fils un regard
425 furtif et anxieux.

Alors qu'il n'espérait plus et se préparait à
confesser son impuissance, il lui vint une autre idée.
Elle se présentait comme une transposition de la
course aux armements dont elle réussit à écarter
430 l'obsession. Il s'agissait encore d'une compétition,
mais sportive, à laquelle se préparaient deux équipes de rameurs, l'une méthodiquement, l'autre avec
une affectation de négligence.

« Allons, commanda M. Jacotin, écris. »
435 A moitié endormi, Lucien sursauta et prit son
porte-plume.

« Ma parole, tu dormais ?

— Oh ! Non. Je réfléchissais. Je réfléchissais au proverbe. Mais je n'ai rien trouvé. »

Le père eut un petit rire indulgent, puis son regard 440
devint fixe et, lentement, il se mit à dicter :

« Par ce splendide après-midi d'un dimanche d'été,
virgule, quels sont donc ces jolis objets verts à la
forme allongée, virgule, qui frappent nos regards ?
On dirait de loin qu'ils sont munis de longs bras, 445
mais ces bras ne sont autre chose que des rames et
les objets verts sont en réalité deux canots de course
qui se balancent mollement au gré des flots de la
Marne. »

Lucien, pris d'une vague anxiété, osa lever la tête 450
et eut un regard un peu effaré. Mais son père ne le
voyait pas, trop occupé à polir une phrase de transi-
tion qui allait lui permettre de présenter les équipes
rivales. La bouche entrouverte, les yeux mi-clos, il
surveillait ses rameurs et les rassemblait dans le 455
champ de sa pensée. A tâtons, il avança la main vers
le porte-plume de son fils.

« Donne. Je vais écrire moi-même. C'est plus
commode que de dicter. »

Fiévreux, il se mit à écrire d'une plume abondante. 460
Les idées et les mots lui venaient facilement, dans
un ordre commode et pourtant exaltant, qui l'incli-
nait au lyrisme. Il se sentait riche, maître d'un
domaine magnifique et fleuri. Lucien regarda un
moment, non sans un reste d'appréhension, courir 465
sur son cahier de brouillon la plume inspirée et finit
par s'endormir sur la table. A onze heures, son père
le réveilla et lui tendit le cahier.

« Et maintenant, tu vas me recopier ça posément.
J'attends que tu aies fini pour relire. Tâche de met- 470
tre la ponctuation, surtout.

— Il est tard, fit observer Lucien. Je ferais peut-
être mieux de me lever demain matin de bonne
heure ?

475   — Non, non. Il faut battre le fer pendant qu'il est
chaud. Encore un proverbe, tiens. »

M. Jacotin eut un sourire gourmand et ajouta :
« Ce proverbe-là, je ne serais pas en peine de l'expliquer non plus. Si j'avais le temps, il ne faudrait pas

480 me pousser beaucoup. C'est un sujet de toute beauté.
Un sujet sur lequel je me fais fort d'écrire mes douze
pages. Au moins, est-ce que tu le comprends bien ?

— Quoi donc ?

— Je te demande si tu comprends le proverbe : Il

485 faut battre le fer pendant qu'il est chaud. »

Lucien, accablé, faillit céder au découragement.
Il se ressaisit et répondit avec une grande douceur :
« Oui, papa. Je comprends bien. Mais il faut que
je recopie mon devoir.

490   — C'est ça, recopie », dit M. Jacotin d'un ton qui
trahissait son mépris pour certaines activités d'un
ordre subalterne.

Une semaine plus tard, le professeur rendait la
copie corrigée.

495   « Dans l'ensemble, dit-il, je suis loin d'être satisfait. Si j'excepte Béruchard à qui j'ai donné treize,
et cinq ou six autres tout juste passables, vous n'avez
pas compris le devoir. »

Il expliqua ce qu'il aurait fallu faire, puis, dans

500 le tas des copies annotées à l'encre rouge, il en choi-
sit trois qu'il se mit à commenter. La première était
celle de Béruchard, dont il parla en termes élogieux.
La troisième était celle de Lucien.

« En vous lisant, Jacotin, j'ai été surpris par une façon d'écrire à laquelle vous ne m'avez pas habitué et qui m'a paru si déplaisante que je n'ai pas hésité à vous coller un trois. S'il m'est arrivé souvent de blâmer la sécheresse de vos développements, je dois dire que vous êtes tombé cette fois dans le défaut contraire. Vous avez trouvé le moyen de remplir six pages en restant constamment en dehors du sujet. Mais le plus insupportable est ce ton endimanché que vous avez cru devoir adopter. »

Le professeur parla encore longuement du devoir de Lucien, qu'il proposa aux autres élèves comme le modèle de ce qu'il ne fallait pas faire. Il en lut à haute voix quelques passages qui lui semblaient particulièrement édifiants. Dans la classe, il y eut des sourires, des gloussements et même quelques rires soutenus. Lucien était très pâle. Blessé dans son amour-propre, il l'était aussi dans ses sentiments de piété filiale.

Pourtant il en voulait à son père de l'avoir mis en situation de se faire moquer par ses camarades. Élève médiocre, jamais sa négligence ni son ignorance ne l'avaient ainsi exposé au ridicule. Qu'il s'agît d'un devoir de français, de latin ou d'algèbre, il gardait jusque dans ses insuffisances un juste sentiment des convenances et même des élégances écolières. Le soir où, les yeux rouges de sommeil, il avait recopié le brouillon de M. Jacotin, il ne s'était guère trompé sur l'accueil qui serait fait à son devoir. Le lendemain, mieux éveillé, il avait même hésité à le remettre au professeur, ressentant alors plus vivement ce qu'il contenait de faux et de discordant, eu égard aux

habitudes de la classe. Et au dernier moment, une
confiance instinctive dans l'infaillibilité de son père
l'avait décidé.

Au retour de l'école, à midi, Lucien songeait avec
540 rancune à ce mouvement de confiance pour ainsi dire
religieuse qui avait parlé plus haut que l'évidence.
De quoi s'était mêlé le père en expliquant ce proverbe ? A coup sûr, il n'avait pas volé l'humiliation
de se voir flanquer trois sur vingt à son devoir de
545 français. Il y avait là de quoi lui faire passer l'envie
d'expliquer les proverbes. Et Béruchard qui avait eu
treize. Le père aurait du mal à s'en remettre. Ça lui
apprendrait.

A table, M. Jacotin se montra enjoué et presque
550 gracieux. Une allégresse un peu fiévreuse animait
son regard et ses propos. Il eut la coquetterie de ne
pas poser dès l'abord la question qui lui brûlait les
lèvres et que son fils attendait. L'atmosphère du
déjeuner n'était pas très différente de ce qu'elle était
555 d'habitude. La gaieté du père, au lieu de mettre à
l'aise les convives, était plutôt une gêne supplémen-
taire. Mme Jacotin et ses filles essayaient en vain
d'adopter un ton accordé à la bonne humeur du maître. Pour la tante Julie, elle se fit un devoir de souli-
560 gner par une attitude maussade et un air de surprise
offensée tout ce que cette bonne humeur offrait
d'insolite aux regards de la famille. M. Jacotin le sentit lui-même, car il ne tarda pas à s'assombrir.

« Au fait, dit-il avec brusquerie. Et le proverbe ? »
565 Sa voix trahissait une émotion qui ressemblait plus
à de l'inquiétude qu'à de l'impatience. Lucien sentit qu'en cet instant il pouvait faire le malheur de

son père. Il le regardait maintenant avec une liberté
qui lui livrait le personnage. Il comprenait que,
depuis de longues années, le pauvre homme vivait
sur le sentiment de son infaillibilité de chef de famille
et, qu'en expliquant le proverbe, il avait engagé le
principe de son infaillibilité dans une aventure dangereuse. Non seulement le tyran domestique allait
perdre la face devant les siens, mais il perdrait du
même coup la considération qu'il avait pour sa propre personne. Ce serait un effondrement. Et dans
la cuisine, à table, face à la tante Julie qui épiait toujours une revanche, ce drame qu'une simple parole
pouvait déchaîner avait déjà une réalité boulever-
sante. Lucien fut effrayé par la faiblesse du père et
son cœur s'attendrit d'un sentiment de pitié
généreuse.

« Tu es dans la lune ? Je te demande si le professeur a rendu mon devoir ? » dit M. Jacotin.

« Ton devoir ? Oui, on l'a rendu.

— Et quelle note avons-nous eue ?

— Treize.

— Pas mal. Et Béruchard ?

— Treize.

— Et la meilleure note était ?

— Treize. »

Le visage du père s'était illuminé. Il se tourna vers
la tante Julie avec un regard insistant, comme si la
note treize eût été donnée malgré elle. Lucien avait
baissé les yeux et regardait en lui-même avec un plaisir ému. M. Jacotin lui toucha l'épaule et dit avec
bonté :

« Vois-tu, mon cher enfant, quand on entreprend

600 un travail, le tout est d'abord d'y bien réfléchir. Comprendre un travail, c'est l'avoir fait plus qu'aux trois
quarts. Voilà justement ce que je voudrais te faire
entrer dans la tête une bonne fois. Et j'y arriverai.
J'y mettrai tout le temps nécessaire. Du reste, à par-
605 tir de maintenant et désormais, tous tes devoirs de
français, nous les ferons ensemble. »

Le Passe-Muraille, Gallimard 1943.

Notes

Les numéros entre parenthèses renvoient aux numéros des lignes.

(1) **Suspension** (*terme rare*) : lampe suspendue au plafond.
(3) **Pâture** : nourriture pour animaux.
(7) **Tyrannique** : autoritaire, qui veut commander.
(9) **Atmosphère de contrainte** : la famille ne se sent pas libre.
(13) **Palmes académiques** : décoration honorifique à laquelle
    M. Jacotin attache beaucoup d'importance.
(20) **Chétif** : maigre, faible.
(33) **On buvait la sueur de ses peines** : M. Jacotin a l'impression
    qu'on profite de lui.
(40) **S'efforçait de passer inaperçu** : Lucien ne voulait pas que son
    père le remarque.
(42) **Louche** : pas clair, suspect.
(46) **D'une voix qui s'en promettait** : le père se réjouit à l'avance
    de découvrir quelle bêtise a faite son fils.
(52) **Abandonné au malheur menaçant** : seul devant le danger qui
    arrive (l'interrogatoire du père).
(54) **Je te soupçonne** : je devine, je vois que tu...
(71) **Ne te mêle donc pas du foie des autres** : expression humoris-
    tique calquée sur : « Ne te mêle pas des affaires des autres ». Signi-
    fie : ne t'occupe pas de la santé des autres.
(87) **Mûrir** : monter, grandir.
(90) **Changer en fureur la hargne de cet homme violent** : quand
    la famille essaie d'intervenir, M. Jacotin devient encore plus dur.
(96) **Enterrer la nouvelle** : ne plus en parler.
(103) **Entraver** : empêcher.
(110) **Froissée** : blessée, vexée.

(116) **Perfidie** : méchanceté.

(117) **Malotru** : impoli.

(120) **Leur silence lui fut un nouvel outrage** : M. Jacotin se sent insulté par le silence de sa famille.

(129) **Il y avait plaisir à entreprendre ce gamin-là** (*expression vieillie*) : M. Jacotin trouve du plaisir à interroger brutalement son fils.

(132) **Saugrenue** : déplacée, étonnante.

(134) **Je le moudrais** (*expression vieillie*) : je le tuerais (menace).

(137) **Ingrat** : qui ne reconnaît pas l'aide qu'on lui a donnée.

(169) **Il n'en mène pas large** : Béruchard ne sait pas quoi répondre aux arguments de M. Jacotin.

(176) **Laisse-moi ce rond de serviette tranquille** : M. Jacotin gronde son fils qui joue avec l'anneau qui entoure sa serviette.

(177) **Des airs qui n'en sont pas** (*expression rare*) : Selon M. Jacotin, Lucien fait semblant de l'écouter.

(197) **Tu te prélasses** : tu te reposes.

(199) **Fainéant** : paresseux.

(199) **Sagouin** : terme d'injure.

(215) **Longue apostrophe** : long discours.

(227) **A califourchon** : à cheval sur la branche.

(232) **Se délectait amèrement de l'indifférence des siens** : M. Jacotin prend plaisir à constater que sa famille ne s'occupe pas de lui (il se prend pour un martyr).

(244) **Le somma** : lui ordonna.

(256) **En passe d'être décoré** : M. Jacotin va bientôt recevoir les palmes académiques.

(259) **Je vous dis cinq lettres** : signifie : « Je vous dis merde. » (terme d'injure).

(260) **La tante Julie béa** : elle ouvrit la bouche d'étonnement et d'indignation.

(273) **Réprobation** : reproche.

(294) **Considéra le proverbe d'un air hostile et buté** : Lucien n'aime pas le sujet de son devoir.

(300) **Quiétude** : tranquillité, paix.

(303) **Requérant** : demandant.

(311) **Vacarme** : bruit.

(320) **Et songeant à la mort à l'aube sur un proverbe** : allusion à *La chèvre de M. Seguin* (conte d'A. Daudet), qui trouve la mort le matin, à l'aube, après avoir lutté toute la nuit contre le loup.

(323) **Voix bourrue** : voix rude.

(325) **Souhaitait racheter sa conduite** : M. Jacotin veut se faire pardonner.

(326) **Mansuétude** (*terme littéraire*) : pitié.

(338) **Son pied où je pense** : façon de dire « un coup de pied au derrière... »

(339) **Martinet, nerf de bœuf** : instruments servant à battre (les enfants).

(356) **Généreux à peu de frais** : sans que cela lui coûte quelque chose.

(357) **Si je ne mets pas la main à la pâte** : si je ne t'aide pas.

(371) **Son prestige de père** : l'image idéale que le père veut donner à son fils.

(385) **Son imagination était rétive** : elle refusait de fonctionner.

(402) **Sa religion politique** : M. Jacotin est de gauche ; par conséquent, il ne peut s'associer aux gens réactionnaires (de droite) qui critiquent l'absence de préparation militaire de la France.

(407) **Inféodé à un parti** : attaché à un parti.

(421) **Elle se fût soudée au proverbe** : il ne peut éloigner de son esprit l'exemple de la course aux armements.

(430) **Obsession** : Idée fixe, qui revient toujours à l'esprit.

(454) **Il surveillait ses rameurs et les rassemblait dans le champ de sa pensée** : M. Jacotin imagine la scène.

(475) **Il faut battre le fer pendant qu'il est chaud** (*proverbe*) : il ne faut pas attendre pour agir.

(481) **Je me fais fort d'écrire** : je serais capable d'écrire.

(491) **Mépris** : mauvaise opinion de quelqu'un.

(502) **Elogieux** : le professeur fait des compliments sur la copie de Béruchard.

(512) **Ton endimanché** : sans naturel, de mauvais goût.

(518) **Edifiants** : instructifs.

(522) **Piété filiale** : amour et respect des enfants pour leurs parents.

(535) **Faux et discordant, eu égard aux habitudes de la classe** : le devoir de Jacotin ne suit pas les règles habituelles des devoirs de la classe de Lucien.

(540) **Rancune** : souvenir que l'on garde du mal qu'on vous a fait.

(549) **Enjoué** : gai, joyeux.

(562) **Insolite** : inhabituel.

(572) **Il avait engagé le principe de son infaillibilité dans une aventure dangereuse** : M. Jacotin pense qu'il a toujours raison, il se croit infaillible. Mais cette fois-ci, Lucien a la preuve que le père peut faire une erreur.

(574) **Tyran domestique** : chef de famille qui abuse de son autorité.

(575) **Il perdrait du même coup la considération qu'il avait pour sa propre personne** : M. Jacotin risquerait d'être totalement détruit, aux yeux des autres et de lui-même.

(581) **Faiblesse** : contraire de force.

(587) **Nous** : le père et le fils associés, mais peut-être aussi un pluriel de majesté.

L'homme
au manteau de cuir

Bernard Clavel

Le soldat Morand venait de dicter un message au
relais de transmissions du secteur. Il s'éloigna de
l'appareil téléphonique posé sur un petit bureau de
bois blanc. Allongé sur le lit, à côté du bureau, le
sergent Picard fumait une cigarette.

« A présent, dit Picard, tu pourrais remettre la
radio. »

Morand haussa les épaules en marmonnant :

« Tu y tiens, à ton zinzin.

— Qu'est-ce que tu veux faire d'autre ? »

Morand ne répondit pas. Il brancha la prise du
poste de radio, demeura un instant indécis, les mains
dans les poches, puis s'approcha du poêle où il mit
une grosse bûche de pin.

Pendant un instant encore le ronflement du feu
et les gifles de pluie fouettant les vitres furent les
seuls bruits ; puis la musique du poste monta lentement.

« Qu'est-ce qu'il y a comme crachements, dans ce
poste, remarqua Picard, il est foutu.

— Moi, je crois plutôt que c'est le vent. Il doit y avoir quelque part des fils qui se touchent, et tu pourrais avoir un poste tout neuf... »

Morand n'acheva pas sa phrase.

25   La porte venait de s'ouvrir et une rafale d'air froid s'engouffra dans la pièce. L'ampoule électrique se balança au bout de son fil.

« Ferme, cria Picard, tu nous gèles. »

Du seuil, le soldat Dupuy cria :

30   « Oh ! Picard, il y a un homme qui voudrait entrer. »

Sans bouger Picard demanda :

« Qui est-ce, un type de la compagnie ?

— Non, c'est un civil. Un homme avec une moto.

35   Son carburateur est noyé. Il est tombé en panne à un kilomètre d'ici et il est gelé, trempé comme une soupe. Il voudrait se sécher un peu avant de repartir. »

Picard se souleva sur un coude pour crier :

« Non ! Impossible. Tu sais bien que l'entrée du

40   poste est interdite aux civils. Allez, ferme ! »

Le soldat était debout sur le seuil. De sa place, le sergent le voyait mal à cause de la lampe qui se trouvait entre eux. Il entendit la voix de l'inconnu sans pouvoir comprendre ce qu'il disait. Picard aussi

45   parla, tourné vers l'extérieur comme s'il se fût adressé à la nuit et au vent glacé.

Comme la porte demeurait ouverte, le sergent se leva, posa son mégot dans le cendrier sur le bureau et se dirigea vers les hommes. Il allait atteindre la

50   porte lorsque le soldat Dupuy se tourna vers lui, dégageant l'entrée. L'inconnu en profita pour franchir le seuil.

« Vous ne pouvez pas me laisser dehors, dit-il aussitôt. Je suis vraiment épuisé. Avec un temps pareil, personne n'oserait mettre un chien à la rue. Voyons, l'hospitalité... »

L'homme était grand et assez fort. Il avait une figure rouge qui luisait. Les gouttes de pluie tombant de son casque de motocycliste s'accrochaient à ses sourcils épais, roulaient sur ses pommettes ou bien le long de son nez. Il s'essuya d'un revers de main et ébaucha un sourire. Il devait avoir une cinquantaine d'années.

« Je suis désolé, dit Picard, mais le règlement est formel ; l'entrée du poste est interdite à toute personne étrangère à la formation. Vous voyez, même un militaire d'une autre unité ne peut entrer que s'il est muni d'un ordre de mission. »

Retournant prendre sa faction, Dupuy était sorti en refermant la porte. Cependant, le sergent demeurait planté devant l'inconnu. Morand s'était avancé et les regardait.

« Enfin, dit l'homme au manteau de cuir, regardez-moi, et voyez un peu ce qu'il tombe.

— Vous avez un bon manteau et un casque, n'exagérez pas.

— Mais mon moteur est noyé. Le temps qu'il sèche ; le temps de me chauffer un peu les mains. (Il montrait ses mains rouges, presque violacées). Je ne sentais plus mon guidon. J'ai fait plus d'un kilomètre en poussant ma machine. Et je n'ai vu aucune autre maison.

— Non, précisa le sergent, la ferme la plus proche est encore à plus de trois kilomètres.

85   — Justement... »
        Le sergent s'avança comme pour le repousser.
        « Non, non, dit-il, n'insistez pas, le règlement est
        formel.
        — Mais personne n'en saura rien, dit encore
90   l'homme, surtout à cette heure-ci.
        — Laisse-le entrer cinq minutes, dit Morand.
        Qu'est-ce que tu risques ? »
        Le sergent se retourna vers Morand et lança :
        « Tu es marrant, toi, je suis responsable. »
95   Derrière lui, l'homme souriait à Morand qui
        insista :
        « Allons, laisse-le entrer ; à dix heures du soir et
        avec un temps pareil, tu peux pas foutre un homme
        sur la route avec une moto en panne. »
100   Le sergent parut hésiter, regarda encore l'homme
        puis, haussant les épaules, il regagna le centre de la
        pièce en grognant :
        « C'est bon, entrez, mais moi, à ce petit jeu-là, je
        risque le conseil de guerre. »
105   L'inconnu remercia en regardant Morand qui lui
        désignait une chaise. Le sergent s'assit sur son lit,
        parut réfléchir un instant puis, regardant l'homme,
        il reprit :
        « En tout cas, je compte sur votre discrétion.
110 N'allez surtout pas raconter que vous vous êtes arrêté
        dans un poste de guet. »
        L'homme promit. La chaise que lui avait avancée
        Morand se trouvait près du poêle. Les mains tendues
        en avant, il se chauffait en regardant autour de lui.
115 Les murs blanchis à la chaux étaient nus, déjà tachés
        derrière les deux lits. En dehors du fourneau, du

bureau et de quatre chaises, il n'y avait là qu'une
grande table de ferme et un placard de bois peint.
Près de la porte, quatre fusils étaient suspendus à
un portemanteau. Le carrelage du sol était mouillé 120
par endroits mais propre.

Il y eut un long moment avec juste le bruit des
bourrasques et la musique très faible du poste dont
Morand venait de diminuer la puissance. L'homme
se frotta les mains en disant : 125

« Ça fait du bien.

— Puisque vous êtes là, dit le sergent, profitez-en
au moins pour vous sécher comme il faut.

— C'est bien ce que je fais.

— Si vous voulez quitter votre cuir. 130

— Non merci, dit l'homme ; ça va très bien comme
ça. Je ne veux pas m'arrêter longtemps. »

Il paraissait heureux et souriait chaque fois que
son regard rencontrait celui de Morand.

« Déboutonnez au moins votre manteau, dit le sol- 135
dat, vous allez étouffer ici, avec la chaleur qu'il fait.

— Ça va très bien, répondit l'homme en reculant
sa chaise. Mais je vois qu'on ne pleure ni le bois ni
le charbon, dans l'armée. »

Morand s'approcha du poêle pour fermer le tirage. 140

« C'est encore une chance, dit-il. La vie n'est déjà
pas si drôle, dans ce poste perdu au milieu des
champs, si encore il fallait se geler.

— Bien sûr, mais on ne sait jamais, l'armée n'est
pas toujours aux petits soins. » 145

Morand se mit à rire en demandant :

« Vous n'avez jamais été soldat, monsieur ?

— Si, bien sûr, comme tout le monde.

— Alors, vous devez bien connaître le système D.

150 L'homme rit à son tour.

— Je comprends, dit-il, vous avez vos petites combines pour le combustible.

— Pour ça, et pour le reste, précisa Morand.

— Dis donc, tu ne voudrais pas parler d'autre
155 chose. »

Le sergent Picard avait parlé sans crier, mais d'une voix sèche, presque dure. Morand parut embarrassé et baissa la tête en grognant :

« Quoi, je dis pas de mal. »

160 Il y eut entre eux un long silence que la radio ne parvenait pas à meubler suffisamment. L'homme continuait de se chauffer en se frottant les mains de temps à autre.

« Vous avez la radio, dit-il, après un moment, c'est
165 déjà une bonne chose.

— Oui, dit Picard, on n'a pas à se plaindre. On est très bien. »

L'homme répéta comme pour soi.

« Très bien, très bien. »

170 Morand s'était levé pour remettre une bûche dans le poêle. Lorsqu'il eut terminé, il prit le bouteillon de café qu'il avait mis à chauffer et apporta des quarts sur la table.

« Vous en boirez bien une goutte, dit-il en ver-
175 sant.

— Merci, dit l'homme, vous êtes gentil. »

Il but une gorgée et reposa le quart en ajoutant :

« Il est bien bon. Les soldats ont toujours très bien su faire le café. »

180 Ils burent en silence. Puis, comme Morand empor-

tait les quarts vides, la porte s'ouvrit et Dupuy
demanda :

« Si tu t'en ressens, Picard, je suis complètement
rincé.

— C'est bon, dit le sergent, j'y vais. »   185

Dupuy sortit et referma la porte. Une bouffée d'air
glacé et humide avait fait un grand remous dans la
pièce. Le sergent Picard enfila sa capote, coiffa son
casque et se dirigea vers la porte.

L'homme se leva en disant :   190

« Je vais m'en aller. »

Picard passa la bretelle de son fusil sur son épaule,
puis se retourna pour dire.

« Prenez le temps de vous chauffer. D'ailleurs, si
votre moteur est vraiment noyé, ce n'est pas en quel-   195
ques minutes qu'il a pu sécher. »

L'homme remercia.

« Pas de quoi, lança Picard en ouvrant la porte. »

Morand s'approcha du poste de radio.

« Je ferme le zinzin , dit-il. Ça va un moment, et   200
après, ça vous rétame les oreilles. »

Dupuy entra. Sa capote ruisselait. Il la quitta et
l'étendit tout près du feu, sur le dossier d'une chaise.
Presque aussitôt, le tissu se mit à fumer.

« Ça n'a pas l'air de s'arrêter, dit l'inconnu.   205

— Non, ça s'arrête par terre ; pas avant. »

Tous trois se mirent à rire. Dupuy délaça ses brodequins et retira ses chaussettes. L'homme le regardait faire. Après un temps il demanda :

« Il a l'air brave, votre sergent. C'est lui qui   210
commande ici ?

— Oui, dit Morand, il est chef de poste. Sûr qu'il

est brave. Vous voyez, on a un copain qui est malade,
alors il prend la garde à sa place. Par ce temps-là,
215 c'est pourtant pas marrant. Et vous pouvez m'en
croire, il n'y a pas beaucoup de sergents qui en
feraient autant. »

L'homme hocha la tête.

« C'est certain, dit-il. D'autant plus qu'il a l'air
220 d'être assez à cheval sur le règlement. Et somme
toute, qu'il prenne la garde lui-même, c'est proba-
blement contraire au règlement. »

Dupuy se mit à rire.

« Dites donc, remarqua-t-il, vous avez l'air d'en
225 connaître un rayon, vous.

— Bien sûr, quand on a été soldat, on se souvient
toujours plus ou moins de certaines choses.

— En tout cas, remarqua Morand, s'il est un peu
trouillard de ce côté-là, Picard, quand il s'agit d'un
230 gars malade ou d'un truc comme ça, on peut dire
qu'il ne se dégonfle pas. »

Dupuy regarda un instant l'inconnu avant de
remarquer :

« Vous voyez bien pour vous. Ça l'embêtait de vous
235 laisser entrer, mais quand il a vu dans quel état vous
étiez, il n'a pas eu le courage de vous laisser dehors. »

L'homme haussa les épaules en disant :

« Bah ! qu'est-ce qu'il risque ? »

Morand éleva la voix.

240 « On voit bien que vous n'êtes plus dans le coup.
Un officier en inspection tomberait ici à présent, le
pauvre Picard, ses galons... »

Dupuy l'interrompit :

« Les galons, tu sais, il s'en fout, il n'est pas de

carrière, mais la taule, et peut-être le conseil de 245
guerre, c'est autre chose.

— Au fond, dit l'homme, j'ai eu de la chance que
ce poste ne soit pas commandé par un sous-officier
de carrière, sinon, je serais sur la route à pousser ma
moto. 250

— Ça, renchérit Morand, les mecs de carrière sont
toujours plus vaches que les rappelés. C'est normal,
c'est leur métier d'être vaches. »

L'inconnu souriait. Ils parlèrent encore de la vie
au poste. Morand expliqua comment ils repéraient 255
le passage des avions et de quelle façon ils s'y pre-
naient pour adresser les messages qui permettaient
aux villes d'être mises en état d'alerte. Ensuite,
comme ils parlaient de la nourriture, Dupuy proposa
du pain et du fromage que l'homme au manteau de 260
cuir refusa.

« Alors, dit Morand, vous boirez bien un petit coup
de marc.

— Non, non, dit l'homme, je vous remercie. A présent, je suis à peu près sec, je vais essayer de remet- 265
tre ma moto en marche. »

Mais Morand avait apporté la bouteille sur la table.

« Il n'en reste pas beaucoup, dit-il. C'est un colis
que j'ai reçu de chez moi par une femme de mon 270
pays qui est venue dans la région dernièrement. »

L'homme voulut encore refuser, mais Morand lui
tendit un quart en disant :

« Tenez, avec le froid qu'il fait, ça ne peut que vous
faire du bien. » 275

Lorsqu'il eut servi l'homme, il regarda la bouteille,

flaira le goulot, parut hésiter un instant puis, avec
un soupir, il la reboucha en disant :

« Le peu qui reste, on va le garder pour Picard,
280 quand il rentrera, il va être frigorifié. Du moment
qu'il est bon gars avec nous, faut qu'on soit chic
aussi. »

L'homme avait levé son quart.

« A votre santé, dit-il.

285 — A la quille, dirent les deux soldats. »

Tandis que l'homme buvait, la sonnerie du téléphone se mit en branle et Dupuy décrocha le
récepteur.

« Allô, dit-il, poste de guet 203, j'écoute. »

290 L'homme s'approcha de Morand et murmura :

« Je vais m'en aller. »

Morand regardait son camarade.

« Vous avez bien une minute, dit-il. »

Dupuy devait avoir du mal à comprendre ce qu'on
295 lui disait. Son visage était tendu, et, de temps à autre,
sa bouche grimaçait.

« Oui, disait-il. Oui... Et alors ? Ah ! Gaston
Renaud ! (Son visage s'éclaira). Excuse-moi, vieux,
je n'avais pas reconnu ta voix. »

300 Il écouta un moment sans rien dire puis, soudain,
son front se plissa de nouveau tandis qu'il lançait :

— Quoi ? Un commandant en inspection ?... Ben
mon salaud. Tu aurais pu nous prévenir plus tôt.
S'il est parti depuis deux heures, il va nous tomber
305 sur le poil d'une minute à l'autre... Faut espérer qu'il
a commencé sa tournée par l'autre bout du secteur. »

Morand s'était approché. Il demanda :

« Qui est-ce, ce commandant ?

— Paraît que c'est un nouveau, personne ici ne le connaît. »

Morand fit la grimace en disant :

« Demande-lui qui il a comme chauffeur, si c'est un pote il ira doucement. »

Dupuy transmit la question, se tut un instant puis demanda encore :

« Quoi, tout seul ? »

Son visage se tendit davantage, pâlit un peu pour devenir soudain très rouge tandis qu'il bégayait :

« Une moto... manteau de cuir... Non, non rien... Merci mon vieux. »

Il raccrocha, et se redressa lentement. Son regard alla très vite de l'inconnu à Morand pour retourner à l'inconnu. Il eut encore un moment d'hésitation avant de se mettre au garde-à-vous. Les talons de Morand claquèrent l'un contre l'autre, et, c'est seulement en entendant ce bruit que Dupuy se souvint qu'il était pieds nus sur le carrelage froid.

L'inconnu fit un geste vague de la main en disant :

« Repos ! »

Morand et Dupuy bafouillèrent une explication que l'homme au manteau de cuir n'écouta pas.

« C'est très bien, dit-il. Je vois que tout le monde s'entend parfaitement dans ce secteur. » Il les dévisagea longuement l'un après l'autre, puis regarda le litre d'eau-de-vie, posé sur la table, le bouteillon de café sur le fourneau et la capote trempée qui fumait toujours. Il paraissait hésiter. Comme son regard revenait vers les soldats, Dupuy tenta d'expliquer :

« C'est que... On ne savait pas. »

L'homme au manteau de cuir eut un sourire.

« Bien sûr, bien sûr.

— C'est à cause du sergent, dit encore Dupuy...
C'est notre faute, c'est nous qui avons insisté pour
qu'il vous laisse entrer. »

345   L'homme eut encore un sourire et se dirigea vers
la porte en disant :

« Je vais voir si ma moto veut repartir. »

Il s'arrêta. Se retourna le temps d'ajouter :

« C'est exact, vous savez, j'étais vraiment en panne
350 et j'ai fait plus d'un kilomètre à pied.

— On va vous aider, dit Morand.

— Non, non, restez à votre poste. »

Il ouvrit la porte. Comme il allait sortir Morand
s'avança :

355   « Monsieur, mumura-t-il... enfin mon, mon... »

L'homme l'interrompit :

« Non, c'est cela... Vous avez raison. Ne cherchez
pas. Vous n'avez vu personne ce soir. Votre guet-
teur de garde a seulement vu passer un homme avec
360 un manteau de cuir et qui poussait une moto...
Bonsoir. »

Il referma la porte. Les deux soldats demeurèrent
immobiles un moment, l'oreille tendue. Ils entendi-
rent le sergent et l'homme qui s'entretenaient sans
365 pouvoir comprendre ce qu'ils disaient. Il y eut ensuite
le bruit de la motocyclette qui démarrait difficile-
ment. Enfin le moteur décrut et disparut dans la
tempête.

Lorsqu'ils revinrent près du poêle, les deux sol-
370 dats se regardèrent en hochant la tête.

« Ben mon vieux, fit Dupuy.

— Ça alors, dit Morand. »

Quelques minutes plus tard le sergent rentra.

« Je suis déjà trempé, dit-il, ça tombe de plus en plus. Qu'est-ce qu'il va prendre, le pauvre mec, sur sa moto.

— C'est mon tour, dit Morand, en enfilant sa capote.

— Oui, va. Et ne reste pas trop. Dès que tu sens le froid tu rentres. Vaut mieux changer plus souvent, sinon, on attraperait la crève comme rien. »

Morand sorti, le sergent s'installa près du feu. Il demeura un moment immobile puis, tournant la tête, il remarqua le litre sur la table.

« Ah ! dit-il, vous lui avez payé la goutte, vous avez bien fait, ça le réchauffera. Il ne vous a pas dit s'il allait loin ?

— Non, fit Dupuy. »

Le sergent eut un geste vague des deux mains, soupira et reprit :

« Tout à l'heure, quand j'étais sous la flotte, j'avais des remords en pensant à lui. Dire que je ne voulais pas le laisser entrer cinq minutes pour se chauffer... Ce qu'on peut être cons, tout de même... Pour une question de règlement, on se conduirait comme le dernier des salopards... »

Il hocha encore la tête et haussa les épaules en ajoutant :

« Et pourtant, qu'est-ce-qu'on risque, quand on réfléchit bien... Qu'est-ce qu'on risque ? »

L'espion aux yeux verts, Laffont 1969.

Notes

Les numéros entre parenthèses renvoient aux numéros des lignes.

(2) **Relais de transmission du secteur :** appareil de communication par radio.

(5) **Sergent :** gradé dans l'armée, sous-officier.

(9) **Zinzin** (*argot*) : truc ; remplace ici radio.

(11) **Il brancha la prise :** pour mettre la radio en marche.

(19) **Crachements :** bruits parasites qui gênent la transmission.

(25) **Une rafale d'air froid s'engouffra :** un brusque coup de vent entra dans la pièce.

(34) **Civil :** par opposition à militaire.

(35) **Son carburateur est noyé :** le moteur ne fonctionne plus (carburateur : pièce du moteur).

(41) **Seuil :** entrée d'une pièce.

(56) **Hospitalité :** savoir recevoir quelqu'un chez soi.

(65) **Formel :** indiscutable.

(68) **Muni d'un ordre de mission :** il possède un papier officiel donnant la permission d'entrer.

(69) **Faction :** garde, surveillance.

(104) **Conseil de guerre :** tribunal de l'armée.

(111) **Poste de guet :** endroit d'où les soldats surveillent une zone.

(138) **On ne pleure ni le bois ni le charbon :** le bois et le charbon ne manquent pas.

(140) **Fermer le tirage :** réduire la flamme du poêle.

(141) **La vie n'est déjà pas si drôle... si encore il fallait... :** si, en plus des désavantages de cette vie, il fallait avoir froid...

(145) **Aux petits soins** (*familier*) : attentif aux désirs de quelqu'un.

(149) **Système D** (*familier*) : le système « débrouillard », qui consiste à utiliser tous les moyens possibles pour obtenir quelque chose.

(152) **Combines** (*familier*) : moyens plus ou moins légaux pour obtenir quelque chose.

(152) **Combustible :** ici, charbon.

(159) **je dis pas de mal :** je ne dis rien de mal.

(172) **Quarts :** tasses en fer blanc.

(183) **Si tu t'en ressens** (*familier*) : si tu te sens capable de me remplacer.

(184) **Rincé** (*argot*) : mouillé.

(201) **Ça vous rétame les oreilles** (*argot*) : ça vous casse les oreilles.

(207) **Brodequins :** chaussures à lacets que portent les militaires.

(220) **A cheval sur le règlement :** qui respecte le règlement

(224) **Vous avez l'air d'en connaître un rayon** (*familier*) : vous connaissez beaucoup de choses sur ce sujet.

(229) **Trouillard** (*argot*) : peureux.

(231) **Il ne se dégonfle pas** (*argot*) : il ne recule pas devant le danger, il n'a pas peur.

(242) **Ses galons...** : (galons : insignes indiquant le grade) il risque d'être rétrogradé.

(244) **Il n'est pas de carrière :** il n'est pas militaire de métier, c'est un appelé ; il fait son service militaire.

(245) **Taule** (*argot*) : prison.

(251) **Mecs** (*argot*) : hommes, gars.

(252) **Vaches** (*argot*) : durs.

(252) **Rappelés :** en temps de guerre, soldats rappelés sous les drapeaux.

(277) **Il flaira le goulot :** il sentit l'alcool par l'ouverture de la bouteille.

(280) **Frigorifié :** glacé.

(281) **Chic :** sympathique, gentil.

(285) **La quille** (*argot*) : la fin du service militaire.

(302) **Commandant en inspection :** officier chargé de vérifier si le règlement est appliqué.

(303) **Mon salaud** (*argot*) : signifie ici « mon vieux ».

(304) **Tomber sur le poil** (*argot*) : arriver sans prévenir.

(313) **Pote** (*argot*) : copain.

(324) **Garde-à-vous :** position du soldat lorsqu'il rencontre un supérieur.

(358) **Vous n'avez vu personne :** faites comme si vous n'aviez vu personne.

(367) **Le** (bruit du) **moteur décrut :** (verbe décroître) le bruit du moteur diminua.

(381) **On attraperait la crève comme rien** (*argot*) : on tomberait facilement malade.

(385) **Payé la goutte** (*argot*) : offert à boire.

(391) **Flotte** (*argot*) : eau ; ici, pluie.

(392) **Remords :** regrets.

(395) **Se conduire comme le dernier des salopards** (*argot*) : se conduire très mal.

Ô voleur, voleur quelle vie est la tienne ?

Itinéraire de lecture

L'auteur

Jean-Marie G. Le Clézio (né en avril 1940) publie à vingt-trois ans son premier roman : *Le procès-verbal* (1963).

L'univers romanesque de Le Clézio oscille entre des contraires tels que l'exaltation de la vie et la hantise de la mort, l'apologie de l'écriture et la conscience de la mortalité de la littérature, l'amour idéal et l'incompréhension entre les êtres.

Le Clézio recourt à des techniques d'écriture très libres : collages, citations, substitutions de personnes et jeux typographiques.

Ses principaux ouvrages sont : *La fièvre* (1965), *Le déluge* (1966), *Terre Amata* (1967), *Le livre des fuites* (1969), *Le chercheur d'or* (1985). Dans *La ronde et autres faits divers* (1982), d'où est extraite la nouvelle *Ô voleur, voleur, quelle vie est la tienne ?*, Le Clézio relate, à partir de faits divers, la souffrance humaine dans sa dimension quotidienne.

Etape 1
Prélecture

1. Lisez le titre de la nouvelle. A-t-il quelque chose de particulier ?

2. A qui la question est-elle posée ?

3. Connaissez-vous le sens du mot voleur ?

4. Que pouvez-vous supposer sur le contenu de la nouvelle ?

5. Maintenant, regardez le texte sans le lire. Sa présentation est inhabituelle. Pourquoi ?

6. Lisez les questions qui précèdent chaque paragraphe du texte. Pouvez-vous deviner le sens général du texte ?

Etape 2
Compréhension de la situation initiale

1. Lisez très attentivement les lignes 1 à 13. Elles contiennent des informations sur le « voleur » et vous aideront à comprendre la situation. Vous devrez peut-être lire plusieurs fois le paragraphe. Soulignez les mots qui vont vous permettre de répondre aux questions suivantes.
   a) S'agit-il d'un homme, d'une femme ?
   b) Où est-il né ?
   c) Quand est-il venu en France ?
   d) Avec qui est-il venu et pourquoi ?
   e) Parle-t-il portugais ?
   f) Que sait-on du grand-père ?

2. Maintenant, pour savoir quelle vie il a menée en France, lisez jusqu'à la ligne 40.
   a) Quels métiers a-t-il faits ?
   b) A-t-il de la famille ?
   c) Quels souvenirs a-t-il gardés de cette époque de sa vie ?

Hypothèses

3. Vous savez déjà beaucoup de choses sur le personnage :
    vous savez qu'il a dû quitter son pays, qu'il a travaillé
    durement et fait plusieurs métiers, qu'il a une femme et
    des enfants.
    Essayez de vous mettre à sa place et de répondre à
    quelques-unes des questions qui lui sont posées dans le
    texte :
    a) Dis-moi, comment tout a commencé ?
    b) Tu aimes cette vie ?
    c) Tu sors toutes les nuits ?
    d) Comment sais-tu qu'il n'y a personne ? (avant le vol)
    e) Qu'est-ce que tu emportes, de préférence ?
    f) Qu'est-ce que ça te fait, quand tu penses que tu es
    devenu un voleur ?

Etape 3
Lecture intégrale

1. Lisez la nouvelle en entier en consultant les notes à la
    fin du texte si vous en avez besoin. Si vous ne compre-
    nez pas un mot, continuez votre lecture, le contexte vous
    aidera.

2. Soulignez les phrases qui répondent le mieux à chacune
    des questions posées au voleur.
    Si vous voulez vérifier que vous avez bien compris,
    consultez le tableau suivant qui donne les phrases clefs
    des principaux paragraphes.
    Vous pouvez aussi consulter ce tableau avant de lire,
    pour vous sensibiliser à ce qui est important dans le texte.

• Dis-moi comment tout a commencé ? Et maintenant ?
  [l. 1-41]
  « On allait mourir de faim, ma femme, mes enfants.
  C'est comme ça que je me suis décidé. » [l. 78-80]

- Est-ce qu'ils savent ?
  « Mes enfants ? Non, non, eux ne savent rien, on ne peut pas leur dire, ils sont trop jeunes. » [l. 89-90]
  « (...) je voyais bien qu'elle se doutait de quelque chose. » [l. 100]
- Tu aimes cette vie ?
  « (...) qu'est-ce que je peux faire ? » [l. 136]
- Tu sors toutes les nuits ?
  « (...) quelquefois on a besoin d'argent à la maison. » [l. 143]
- Les morts ?
  « (...) le jour de l'enterrement tu vas pouvoir visiter sa maison. » [l. 150-151]
- C'est comme ça que tu fais en général ?
  « En général, je ne veux pas faire ça le jour, j'attends la nuit. » [l. 157-158]
- Comment sais-tu qu'il n'y a personne ?
  « Ça se voit tout de suite (...) La poussière devant la porte. » [l. 164-165]
- Tu entres par la porte ?
  « Quand c'est facile, oui (...) Si ça résiste, j'essaie de passer par une fenêtre. » [l. 169-171]
- Et les alarmes ?
  « (...) tu n'as qu'à couper les fils. » [l. 178]
- Qu'est-ce que tu emportes, de préférence ? Les bijoux ?
  « (...) tu prends ce qui se vend bien et sans problèmes. » [l. 183-184]
- Et tes amis ?
  « (...) ils ont peur que tu ne viennes leur demander de l'argent. » [l. 228-229]
- Tu crois que ça redeviendra comme avant ?
  « (...) quelquefois, je me dis que ça ne finira jamais. » [l. 239]
- Qu'est-ce que ça te fait, quand tu penses que tu es devenu un voleur ?
  « C'est à elle que je pense, à ma femme, pas à moi, (...) et à mes enfants aussi, que deviendront-ils, qui pensera à eux sur cette terre ? » [l. 272-276]

Etape 4
Après la lecture

1. Vous avez lu la nouvelle : si vous l'avez bien comprise, vous savez :
— pourquoi il est devenu voleur (lignes 1 à 40)
— comment il vole (lignes 138 à 200)
— quel est son état d'esprit (lignes 229 à 259)
— comment il voit son avenir (lignes 259 à la fin).

2. Si vous pensez n'avoir pas suffisamment compris, relisez les lignes correspondant à ces quatre points.

3. Les deux premiers vers de la chanson portugaise vous rappellent-ils quelque chose ?

4. Avez-vous une idée de la fonction des espaces blancs dans le texte ?

5. Si on vous demandait de raconter l'histoire en quelques mots, que diriez-vous ?

6. Discutez avec vos camarades qui ont lu ce texte.
a) Est-ce ainsi que vous vous représentez le destin d'un voleur ?
b) Croyez-vous que les êtres humains ont un destin ?

7. Imaginez le portrait d'un voleur (âge, origine, vie, etc.) et posez-lui par écrit quelques-unes des questions qui sont posées ici au voleur.

Le proverbe

Itinéraire de lecture

L'auteur

Marcel Aymé (1902-1967) dépeint avec ironie les caractè-
res et habitudes de Français, le plus souvent issus de la petite
bourgeoisie ou d'un milieu rural. Accumulant les détails
piquants, l'écrivain parvient à montrer les travers et les vices
de ses personnages. Il allie le réalisme impitoyable et l'utili-
sation du merveilleux.

Dès les années 1925-1930, il publie des romans et des nouvelles, mais aussi, à partir de 1947, des pièces de théâtre.

Les principaux titres de son œuvre sont : *La jument verte*
(1930), chronique d'un village français dans laquelle il prête
à un animal un raisonnement humain ; les célèbres *Contes
du chat perché* (1934), à l'intention des enfants ; *Le passe-
muraille* (1943), recueil de nouvelles dont est extrait *Le
proverbe*.

Etape 1
Compréhension de la situation initiale

Lisez jusqu'à la ligne 59.
1. Vous avez lu le début de la nouvelle. Certains mots ou
   expressions sont difficiles. Essayez toutefois de dire :

a) où et quand se passe la scène ;
b) qui sont les personnages principaux ;
c) quelle est l'atmosphère.

2. Relisez attentivement ce début pour trouver des informations complémentaires.
   a) Quels sont les rapports de M. Jacotin avec sa famille ? Cherchez dans le texte quelques expressions qui les décrivent.
   b) Quel est l'événement que M. Jacotin veut annoncer à sa famille ?
   c) A quoi observe-t-on que M. Jacotin cherche une victime ?
   d) Quel est le comportement de Lucien face à son père ? Relevez les expressions qui le décrivent.

Hypothèses

3. Vous avez lu la phrase : « Je te soupçonne de n'avoir pas la conscience tranquille » [l. 54]. Imaginez ce qu'un père peut reprocher à son enfant de treize ans.

Etape 2
Lecture de la première moitié de la nouvelle

Lisez jusqu'à la ligne 287.
1. Faites la liste des membres de la famille.

2. Relisez les passages qui concernent les membres de la famille et observez ce que M. Jacotin pense de chacun d'eux [l. 18-37, 136-140].

3. Face au père tyrannique, tous les membres de la famille réagissent-ils de la même manière ? Reliez les personnages et les attitudes :
   1. Lucien   a) diplomates
   2. La femme   b) résiste
   3. Les sœurs   c) faible
   4. La tante Julie   d) ne veut pas contrarier

4. Commentez la phrase : « L'expérience avait appris que toute intervention en pareille circonstance ne pouvait que gâter les choses et changer en fureur la hargne de cet homme violent. » [l. 88-91]

5. Vous savez ce que le père reproche au fils. Notez les différentes réactions du père quand il apprend que Lucien n'a pas fait son devoir de français [l. 128-140]. Essayez de dire pourquoi le père ressent en même temps :
a) du plaisir b) de la colère.

6. M. Jacotin fait un long discours à son fils [l. 141 à 207].
a) Que lui reproche-t-il principalement ?
b) Que pensez-vous de ce type de reproches ?

7. Le père annonce qu'il est proposé pour les palmes académiques.
a) Quelle est la réaction de la famille ?
b) Retrouvez et expliquez la « vision poétique » de Mme Jacotin.
c) Recherchez dans le texte les endroits où il a déjà été question des palmes ; quels étaient alors les sentiments de M. Jacotin ?
d) Pourquoi M. Jacotin a-t-il un ricanement douloureux [l. 236] ?
e) M. Jacotin pense qu'il est un martyr. Cherchez dans le texte les phrases qui précisent l'image qu'il se fait de lui-même (héroïque, dévoué, travailleur, exploité, etc.).

Etape 3
Lecture de la seconde moitié de la nouvelle

Lisez la suite de la nouvelle jusqu'à la ligne 492.
1. Est-ce que le proverbe, « Rien ne sert de courir, il faut partir à point », thème du devoir de Lucien, vous inspire ? Auriez-vous des idées pour commenter ce sujet ?

2. Entre le moment où le père déclare : « J'attendrai toute la nuit s'il le faut » [l. 296] et celui où il dit : « C'est ça, recopie » [l. 490], plusieurs heures se sont écoulées. Voici,

dans le désordre, les étapes de « l'inspiration » de M. Jacotin ; remettez-les dans l'ordre chronologique.
a) Le père est sur le point d'avouer qu'il ne trouve
   rien.
b) Il attend patiemment que son fils fasse son
   devoir.
c) Il dicte le devoir.
d) Le devoir ne lui semble pas aussi facile qu'il
   l'avait d'abord pensé.
e) Il trouve un sujet d'inspiration, mais ses idées
   politiques l'empêchent de l'utiliser.
f) Il fait recopier le devoir par son fils.
g) Il veut utiliser la fable « Le lièvre et la tortue »,
   interdite par le professeur.
h) Il a l'idée de transposer en une compétition sportive son idée sur la course aux armements.
i) Il écrit lui-même le devoir.

Hypothèses

3. Après avoir lu la phrase : « Une semaine plus tard, le professeur rendait la copie corrigée » [l. 493-494], imaginez
   la suite.

4. Lisez la scène où le professeur rend les copies [l. 495-522].
   a) Quels sont les défauts du devoir ?
   b) Relisez le passage où le père dicte le devoir [l. 442-449]
      et essayez de comprendre le jugement du professeur.

5. Lucien a, pour son père, des sentiments contradictoires.
   Lisez jusqu'à la ligne 583. A la fois :
   — Lucien a une confiance instinctive dans l'infaillibilité
   de son père [l. 537] ; et
   — il est heureux d'avoir une revanche [l. 543 - 548].
   Mais il a aussi des sentiments contraires à ceux-là. Pouvez-
   vous les retrouver ?

6. Avant de lire la fin, imaginez comment le fils va annoncer à son père la note qu'il a eue pour le devoir de
   français.

7. Lisez la fin de la nouvelle. Comment auriez-vous réagi, dans une situation semblable ? Approuvez-vous Lucien ?

Etape 4
Après la lecture

A. Portrait de M. Jacotin

1. La nouvelle accorde une place importante à la description de M. Jacotin. Pour le décrire, l'auteur utilise plusieurs procédés :
   a) la vision extérieure : M. Jacotin est décrit par son comportement ;
   b) la vision intérieure : l'auteur entre dans la conscience du personnage ;
   c) le dialogue : M. Jacotin est connu par les paroles qu'il prononce ;
   d) l'interprétation de l'auteur : M. Jacotin est souvent jugé par l'auteur, ici de façon très ironique.

Voici quatre passages. Déterminez quels sont les procédés descriptifs utilisés.

1 « M. Jacotin eut soudain la sensation atroce qu'on lui dérobait son bien, qu'on buvait la sueur de ses peines et qu'il était ridiculement bon. » [l. 32-34]

2 « Tu es dans la lune ? Je te demande si le professeur a rendu mon devoir ? » [l. 584-585]

3 « Peu à peu, son regard prenait la même expression d'ennui qu'avait eue tout à l'heure celui de Julien. » [l. 387-389]

4 « La conscience profonde qu'il avait de son dévouement et de son abnégation, un souci étroit de justice domestique, le rendaient en effet injuste et tyrannique, et ses explosions d'homme sanguin, toujours imprévisibles, entretenaient à son foyer une atmosphère de contrainte qui n'étaient du reste pas sans l'irriter. » [l. 4-11]

2. Où trouve-t-on dans le texte des informations sur :
   a) les rapports de M. Jacotin avec ses collègues de travail,

   b) son enfance,
   c) ses opinions politiques ?

3. Si l'on vous demandait de raconter l'histoire en quelques
   mots, que diriez-vous ?

B. Débat et créativité

1. Quel est le passage que vous préférez ? Pourquoi ?
2. Imaginez et rédigez une autre fin ; par exemple : les réactions de la famille si Lucien avait dit la vérité.
3. Est-ce que les parents doivent aider les enfants à faire leurs
   devoirs ?
4. Avez-vous l'impression que ce type de rapports familiaux
   existe encore ?
5. Trouvez d'autres situations où l'on peut mentir pour ne
   pas blesser quelqu'un.

L'homme
au manteau de cuir

Itinéraire de lecture

L'auteur

Bernard Clavel (né en 1923), homme du peuple écrivant
pour un public populaire, met en scène des personnages de
son monde : ouvriers, cultivateurs, plombiers, vignerons. Ses
thèmes préférés sont l'exaltation du métier, la défense de
l'opprimé, l'amour de l'enfance, la peine des hommes. A
partir de récits simples, enracinés dans la vie quotidienne,
il touche le lecteur et le sensibilise aux grands problèmes de
notre temps.

Ses œuvres les plus connues sont : *l'Espagnol* (1959), qui
traite de l'exploitation des travailleurs étrangers en France ;
La maison des autres (1962), mettant en scène un apprenti
persécuté ; *Les fruits de l'hiver* (1968) (prix Goncourt) ; *Le
silence des armes* (1974), où les drames de la guerre et de
la torture sont abordés.

B. Clavel a également écrit pour les enfants : *L'arbre qui
chante* (1967) et *Légendes des lacs et rivières* (1974).

La nouvelle *L'homme au manteau de cuir* est tirée du
recueil *L'espion aux yeux verts*, Laffont (1970).

Etape 1
Prélecture

1. Parcourez le texte et cherchez le nom des différents personnages.

2. Vous avez trouvé plusieurs noms. Vous avez remarqué qu'il s'agit, pour certains, de noms de famille, sans le prénom. Où, selon vous, a-t-on l'habitude d'appeler les gens ainsi ?

3. En regardant le texte, vous avez sûrement constaté qu'il y a beaucoup de dialogues. Pour vous préparer à leur lecture, amusez-vous à découvrir la personne qui parle en soulignant les « verbes de parole » et leur sujet. Vous pouvez commencer où vous voulez.

   Exemple : « Qu'est-ce qu'il y a comme crachements, dans ce poste, *remarqua* [verbe de parole] Picard [sujet qui parle], il est foutu. » [l. 19-20]

4. Les « verbes de parole » peuvent être placés à 4 endroits dans la phrase. Pouvez-vous trouver ces places ?

5. Parfois, le nom de la personne qui parle n'est pas mentionnée. Comment comprend-on qui parle ? Regardez les lignes 126 à 132.

6. a) Cherchez dans le texte des synonymes de « dire ».
   b) Voici la liste complète des verbes de parole :

dire	préciser	reprendre	renchérir
marmonner	lancer	répondre	bégayer
remarquer	annoncer	murmurer	expliquer
crier	insister	répéter	ajouter
demander	grogner	interrompre	faire

   En vous aidant d'un dictionnaire, marquez d'une croix les verbes qui indiquent une façon de parler et cherchez leur sens exact.

7. Entre les répliques, il y a des paragraphes ; en vous souvenant des romans lus dans votre langue maternelle ou

en consultant le texte, essayez d'imaginer ce que peuvent contenir ces paragraphes.

8. Lisez de la ligne 11 à la ligne 18. Essayez de comprendre sur quoi porte la description.

9. Lisez de la ligne 112 à la ligne 125. La description porte sur le décor. Qu'est-ce qui permet de le constater ? Soulignez les noms des meubles et des objets qui sont dans la pièce.

Etape 2
Compréhension de la situation initiale

Hypothèses
1. Lisez attentivement du début jusqu'à la ligne 31. Quels sont les personnages et que font-ils ?
   a) Situez chacun des personnages dans la pièce.
   b) Quelles sont leurs relations ?
   c) Quel est le sujet de leur conversation, d'après le contenu des dialogues ?
   d) Soulignez les mots qui, dans les dialogues, concernent la radio.
   e) Relevez les éléments du décor.
   f) Que pouvez-vous dire de ce décor et savez-vous dans quel lieu se trouvent les trois hommes ?
   g) Hypothèses : à partir de la réplique du soldat Dupuy, imaginez qui peut demander à entrer.

2. Lisez jusqu'à la ligne 74 pour avoir des informations sur l'identité de l'arrivant.
   a) Relevez les principales informations.
   b) Vous savez que c'est le héros de l'histoire. Pourquoi ?
   c) Faites des hypothèses sur son identité.

Etape 3
Lecture intégrale et compréhension

Lisez la nouvelle en entier.
1. Pouvez-vous immédiatement repérer à quel moment on apprend l'identité de l'homme au manteau de cuir ?
2. La nouvelle se compose de plusieurs parties ou «moments». En voici les thèmes. En relisant rapidement, essayez de retrouver ces sept parties.
   1re partie : Avant l'arrivée de l'inconnu.
   2e partie : La négociation de l'homme au manteau de cuir et du sergent Picard.
   3e partie : La conversation de l'homme avec les soldats et le sergent Picard.
   4e partie : Après le départ du sergent.
   5e partie : Le coup de téléphone révélant l'identité de l'inconnu.
   6e partie : Les réactions des soldats face au commandant en inspection.
   7e partie : Après le départ du commandant.
3. Pour vous assurer que vous avez bien compris, répondez aux questions suivantes :

   2e partie : la négociation.
   a) Quels sont les arguments utilisés par l'inconnu pour entrer dans le poste ?
   b) Pour quelles raisons le sergent refuse-t-il de le laisser entrer ?
   c) Qui autorise finalement l'inconnu à entrer ?

   3e partie : la conversation.
   a) Quels sont les sujets de conversation ?
   b) Maintenant que vous connaissez la fin de la nouvelle, quelles sont les paroles des soldats qui pourront avoir de l'importance par la suite ?
   c) Pourquoi Picard coupe-t-il la parole à Morand ?
   d) Qui sort pour remplacer Dupuy ?

4e partie : après le départ du sergent.
a) Qu'apprend-on sur le caractère du sergent Picard ?
b) Que risque Picard si on découvre qu'il a laissé entrer un inconnu ?

5e partie : le coup de téléphone.
a) Qui téléphone ?
b) Quelle est la nouvelle annoncée ?
c) Comment Dupuy comprend-il qui est l'inconnu ?

6e partie : les réactions.
a) Qu'aurait pu reprocher aux soldats le commandant en inspection ?
b) Comment le commandant réagit-il aux événements ? Où le lit-on ?

7e partie : après le départ du commandant.
a) Relevez les paroles du sergent qui montrent qu'il n'a pas du tout compris l'identité de l'homme au manteau de cuir.
b) Que pensez-vous de la question du sergent : « Qu'est-ce qu'on risque ? »

Etape 4
Après la lecture

1. Si on vous demandait de raconter l'histoire en quelques mots, que diriez-vous ?

2. A partir de la ligne 341, essayez d'écrire ou d'imaginer une autre fin, en changeant les réactions du commandant en inspection.

3. « Suivre un règlement » : quelles idées cette question vous inspire-t-elle (situations, avantages, désavantages, etc.) ?

Itinéraires de lecture
corrigés

Ô voleur, voleur, quelle vie est la tienne ?

Étape 1

1. Oui, il est en forme de question.

2. A un voleur.

3. Quelqu'un qui prend des choses qui ne sont pas à lui.

4. Il s'agit d'un voleur à qui on pose des questions.

5. Il y a des questions entre les paragraphes et des blancs dans le texte. A la fin, il y a une sorte de poème.

6. On pose des questions à un voleur pour savoir pourquoi il vole.

Étape 2

1. a) L'adjectif est masculin (je suis né) il s'agit donc d'un homme.
   b) Au Portugal, dans un village de pêcheurs.
   c) Juste après la guerre.
   d) Avec sa famille, pour des raisons politiques.
   e) Non, il ne parle presque plus le portugais.
   f) C'était un pêcheur, il racontait des histoires à son petit-fils qu'il n'a jamais revu.

2. a) Apprenti-maçon - rénovateur de vieilles maisons - électricien.
   b) Son père est mort. Il est marié, il a des enfants.
   c) L'ambiance de la maison ; la fatigue après le travail ; la chaleur familiale.

Étape 4

3. Ils donnent le titre de la nouvelle. Voici la traduction de la chanson :

> *Ô voleur ! voleur !*
> *Quelle vie est la tienne ?*
> *Manger et boire,*
> *Se promener dans la rue.*
> *C'est à minuit*
> *Que le voleur est venu.*
> *Il a frappé trois coups.*
> *A la porte du milieu.*

4. Ils marquent peut-être des pauses de réflexion dans la pensée du voleur.

Le proverbe

Etape 1

2. a) « elle (la famille) redoutait l'humeur du maître » [l. 4] ; « ses explosions d'homme sanguin, toujours imprévisibles, entretenaient à son foyer une atmosphère de contrainte » [l. 8-10].
    b) Il a été proposé pour les palmes académiques.
    c) Il regarde à tour de rôle chacun des membres de la famille en se faisant des réflexions désagréables sur chacun d'eux et son regard tombe finalement sur son fils Lucien.
    d) « s'efforçait de passer inaperçu » [l. 40-41] ; « l'enfant n'avait pas levé les yeux » [l 42-43] ; « il tortillait avec ses deux mains un pli de son tablier noir d'écolier » [l. 44] ; « il penchait la tête sur son assiette » [l. 50] ; « tout abandonné au malheur menaçant » [l. 51-52] ; « Lucien protesta d'un regard effrayé » [l. 56].
    Conclusion : Lucien est terrorisé par son père.

Etape 2

1. Le père, l'épouse, les deux filles, le fils Lucien, la tante Julie.

2. Sa femme a l'aspect triste ; M. Jacotin en a honte auprès de ses collègues. La tante lui coûte cher et elle ne lui laissera sans doute pas d'héritage. Ses filles dépensent son argent. Lucien est un ingrat.

3. 1 d ; 2 c ; 3 a ; 4 b.

4. La mère et les sœurs se taisent mais la tante Julie s'oppose au père deux fois. M. Jacotin lui répond avec brutalité [l. 99-121, 248-274].

5. a) Il est satisfait d'avoir raison.
    b) Il est furieux de la négligence de son fils.

6. a) Lucien joue sans avoir fait ses devoirs. — Il a de mauvaises fréquen-
tations. — Ses mauvaises notes font honte au père devant ses collègues. — C'est un ingrat.

7. a) Elle n'y prête pas attention, en dehors de Mme Jacotin.
b) Elle voit son mari sur un cocotier, peut-être à cause du mot « palmes » (feuilles du palmier et du cocotier).
c) M. Jacotin attend un moment plus solennel pour annoncer la nouvelle [l. 16-18]. Il renonce presque à annoncer la nouvelle, sous le
coup de la colère [l. 95-96].
d) Il souffre de l'indifférence de sa famille lorsqu'il annonce la grande
nouvelle.
e) « La conscience profonde qu'il avait de son dévouement et de son
abnégation » [l. 4-6] ; « il était ridiculement bon. » [l. 34] ; « On n'en
fait pas tant quand c'est moi qui souffre. » [l. 71-72] ; « il se plaignit de la perfidie qu'il y avait à le mettre en situation de passer
pour un malotru. » [l. 116-118] ; « Je n'ai pas la chance, moi, d'avoir
un fils comme Béruchard. » [l. 173-174] ; « si tu pensais au mal que
je me donne » [l. 183] ; « M. Jacotin, qui se délectait amèrement de
l'indifférence des siens » [l. 232].

Etape 3

2. b - d - g - e - a - h - c - i - f.

4. a) en dehors du sujet [l. 511] ; un ton endimanché [l. 512].

5 — lucidité sur les qualités du devoir fait par son père [l. 531-535] ;
— pitié généreuse [l. 569-583].

Etape 4

1. 1 b ; 2 c ; 3 a ; 4 d.
2. a) l. 160-175 ; b) l. 192-196 ; c) l. 402-411.

L'homme au manteau de cuir

Etape 1

1. Morand, Picard, Dupuy, Gaston, Renaud.

2. A l'école ; à l'armée.

4. 1 En milieu de réplique :
« Ferme, **cria Picard**, tu nous gèles. » [l. 28]

2 En fin de réplique :
« Pour ça, et pour le reste, **précisa Morand**. » [l. 153]
3 Avant la réplique, suivi de deux points :
Morand (...) **demanda** : «Qui est-ce, ce commandant ? » [l. 307-308]
ou, avec un verbe au participe présent :
L'homme (...) se dirigea vers la porte **en disant** :
«Je vais voir si ma moto veut repartir. » [l. 345-347]
4 Après la réplique :
«Dis donc, tu ne voudrais pas parler d'autre chose. »
Le sergent Picard **avait parlé** sans crier (...). [l. 154-156].

5. C'est le contexte qui permet de comprendre de qui il s'agit.

6. *Marmonner :* parler entre ses dents de façon confuse. — *Crier :* parler très fort. — *Lancer :* parler de façon assez vive. — *Grogner :* parler en étant contrarié. — *Murmurer :* parler doucement. — *Bégayer :* ne pas arriver à articuler.

7. Des descriptions de situations, de personnages, d'attitudes, de gestes, de décors, de bruits, etc.

8. Morand ne répondit pas. = *attitude*
— Il brancha la prise, demeura (...) indécis (...) s'approcha (...) où il mit (...) = *gestes*
— (...) le ronflement (...) fouettant les vitres (...) les seuls bruits ; puis la musique (...) = *bruits*.

9. Il y a des noms d'objets qui forment le décor de la pièce : chaise, poêle, murs, deux lits, fourneau, bureau, quatre chaises, table de ferme, placard de bois peint, porte, quatre fusils, porte-manteau, carrelage du sol.

Etape 2

1. a) Le soldat Morand dicte un message, branche une prise, met une bûche dans le poêle. Le sergent Picard est allongé sur le lit et fume une cigarette. Le soldat Dupuy est sur le seuil de la porte.
   b) Le sergent est hiérarchiquement supérieur aux soldats. C'est lui qui donne les ordres.
   c) La radio.
   d) Radio, ton zinzin, crachements, poste, des fils qui se touchent, un poste tout neuf.
   e) Un petit bureau de bois blanc, le lit à côté du bureau, un poêle, une ampoule électrique au bout de son fil.
   f) C'est une pièce très simplement meublée ; c'est un poste de garde.

2. a) C'est un civil. Il a une moto. Il est tombé en panne. Il est trempé. Il demande à se sécher. Il a environ cinquante ans. Il est grand et fort, il a un manteau de cuir.

b) Grâce au titre de la nouvelle.

Etape 3

1. Ligne 302 et lignes 317 - 320.

2. *2ᵉ partie* : l. 32 - 111 - *3ᵉ partie* : l. 112 - 201 - *4ᵉ partie* : l. 202 - 285 - *5ᵉ partie* : l. 286 - 320 - *6ᵉ partie* : l. 321 - 361 - *7ᵉ partie* : l. 362 - fin.

3. *2ᵉ partie*
   a) Il est épuisé, le temps est affreux, le sens de l'hospitalité [l. 53-56 et 77-82]. — Il est en panne, il veut se sécher, il n'y a pas d'autre maison aux environs [l. 77-82]. — Personne ne saura qu'il est venu [l. 89-90].
   b) Le règlement interdit l'entrée à toute personne qui n'est pas de la même formation [l. 64-68]. — Le manteau et le casque le protègent [l. 75-76]. — Le sergent est responsable et ne veut pas prendre de risques [l. 94].
   c) Le sergent Picard [l. 103-104].

   3ᵉ partie
   a) Le confort, les combines, la vie de soldat.
   b) Les soldats révèlent qu'ils se débrouillent pour être bien chauffés et avoir du confort (ce qui n'est pas légal) [l. 149-153].
   c) Il ne veut pas qu'on parle des «combines» à un inconnu.
   d) Le sergent Picard.

   4ᵉ partie
   a) Il a bon cœur et, pour aider un soldat ou quelqu'un en détresse, il est prêt à ne pas suivre le règlement [l. 212-222 et 234-236] même s'il a peur des conséquences [l. 228-231].
   b) La prison, le conseil de guerre [l. 244-246].

   5ᵉ partie
   a) Gaston Renaud, un soldat d'un autre poste de garde [l. 297-299].
   b) Un commandant fait une inspection [l. 302-313].
   c) Par la description que donne G. Renaud du commandant [l. 316-320].

   6ᵉ partie
   a) De ne pas être en tenue réglementaire [l. 326-327], d'avoir de l'alcool, du combustible, d'utiliser le système D [l. 335-337].
   b) Il est indulgent [l. 357-361].

   7ᵉ partie
   a) «Qu'est-ce qu'il va prendre, le pauvre mec (...)» [l. 375]
   «Ah! dit-il, vous lui avez payé la goutte (...). Il ne vous a pas dit s'il allait loin?» [l. 385-387]
   «(...) j'avais des remords en pensant à lui.» [l. 391-392].

Table

Présentation   3

Ô voleur, voleur, quelle vie est la tienne?
de J.-M. G. Le Clézio   7

Le proverbe, de M. Aymé   19

L'homme au manteau de cuir,
de B. Clavel   41

Itinéraires de lecture

— Ô voleur, voleur, quelle vie est la tienne?   57

— Le proverbe   63

— L'homme au manteau de cuir   69

Corrigés   75

Imprimé en France par Aubin Imprimeur Ligugé, Poitiers
N° d'édition 03 / N° de collection 03 / N° d'impression L 30047
Dépôt légal, n° 1148-12-1988

15/4667/0